O Mistério do Sobrado

O mistério do sobrado

9-6-17-30-47.730

Direção editorial: **Flávio Machado**
Capa (criação): **Flávio Machado**
Projeto gráfico e editoração: **Ricardo Brito / Designdolivro.com**
Produtor gráfico: **Vitor Alcalde L. Machado**
Revisão: **Fernanda Almeida Umile**
Letícia Castello Branco Braun
Impressão: **Renovagraf**

Dados Internacionais de Catalogação na Publicação (CIP)
(Câmara Brasileira do Livro, SP, Brasil)

Carlos, Antônio (Espírito).
O mistério do sobrado / romance do Espírito Antônio Carlos; psicografado pela médium Vera Lúcia Marinzeck de Carvalho. – São Paulo : Petit, 2001.

ISBN 978-85-7253-075-0

1. Espiritismo 2. Psicografia 3. Romance brasileiro
I. Carvalho, Vera Lúcia Marinzeck de II. Título.

01-2491 CDD: 133.93

Índice para catálogo sistemático:
1. Romances mediúnicos: Espiritismo 133.93

Impresso no Brasil, no inverno de 2017.

Prezado leitor(a),

Caso encontre neste livro alguma parte que acredita que vai interessar ou mesmo ajudar outras pessoas e decida distribuí-la por meio da internet ou outro meio, nunca deixe de mencionar a fonte, pois assim estará preservando os direitos do autor e, conseqüentemente, contribuindo para uma ótima divulgação do livro.

O Mistério do Sobrado

Romance do Espírito

Antônio Carlos

Psicografado pela médium

Vera Lúcia Marinzeck de Carvalho

petit editora

Rua Atuaí, 389 – Vila Esperança/Penha
CEP 03646-000 – São Paulo – SP
Fone: (0xx11) 2684-6000
www.petit.com.br | petit@petit.com.br

Livros da médium
VERA LÚCIA MARINZECK DE CARVALHO

Da própria médium:

- *Conforto Espiritual*
- *Conforto Espiritual 2*

Psicografados:

Com o Espírito Antônio Carlos

- *Reconciliação*
- *Cativos e Libertos*
- *Copos que Andam*
- *Filho Adotivo*
- *Reparando Erros de Vidas Passadas*
- *A Mansão da Pedra Torta*
- *Palco das Encarnações*
- *Histórias Maravilhosas da Espiritualidade*
- *Muitos São os Chamados*
- *Reflexos do Passado*
- *Aqueles Que Amam*
- *O Diário de Luizinho* (infantil)
- *Novamente Juntos*
- *A Casa do Penhasco*
- *O Mistério do Sobrado*
- *O Último Jantar*
- *O Jardim das Rosas*
- *O Sonâmbulo*
- *Sejamos Felizes*
- *O Céu Pode Esperar*
- *Por Que Comigo?*
- *A Gruta das Orquídeas*
- *O Castelo dos Sonhos*
- *O Ateu*
- *O Enigma da Fazenda*

Com o Espírito Patrícia

- *Violetas na Janela*
- *A Casa do Escritor*
- *O Vôo da Gaivota*
- *Vivendo no Mundo dos Espíritos*

Com o Espírito Rosângela

- *Nós, os Jovens*
- *A Aventura de Rafael* (infantil)
- *Aborrecente, Não. Sou Adolescente!*
- *O Sonho de Patrícia* (infantil)
- *Ser ou Não Ser Adulto*
- *O Velho do Livro* (infantil)
- *O Difícil Caminho das Drogas*
- *Flores de Maria*

Com o Espírito Jussara

- *Cabocla*
- *Sonhos de Liberdade*

Com espíritos diversos

- *Valeu a Pena!*
- *O Que Encontrei do Outro Lado da Vida*
- *Deficiente Mental: Por Que Fui Um?*
- *Morri! E Agora?*
- *Ah, Se Eu Pudesse Voltar no Tempo!*

Livros em outros idiomas

- *Violets on the Window*
- *Violetas en la Ventana*
- *Violoj sur Fenestro*
- *Reconciliación*
- *Deficiente Mental: ¿Por Que Fui Uno?*
- *Viviendo en el Mundo de los Espíritus*
- *Fiori di Maria*

São muitos os desencarnados que me procuram para contar sua história, e por essas narrativas tenho feito os livros. Agradeço a eles e lhes dedico esta obra. Um agradecimento especial à minha amiga Mary, que narrou esta.

Antônio Carlos
Primeiros meses de 2001

Sumário

Os desaparecidos

Iva estava inquieta; sentada no sofá de sua sala de estar, tentava se concentrar na leitura de uma revista.

"Onde será que está Eleocácio até esta hora? Será que está com ela? Como será essa mulher? Jovem? Bonita? Não devo pensar nisso nem me atormentar com ciúmes. Mas ele nunca se atrasou assim. Terá acontecido alguma coisa?"

Nisso, o filho chegou e Iva foi logo dizendo:

– Seu pai ainda não chegou, não costuma se atrasar assim, disse-me que ia estar em casa às vinte horas e já são vinte e duas horas e dez minutos.

– Talvez ele tenha ficado no fórum – respondeu o moço calmamente.

– Você sabe que a esta hora está fechado. Estou preocupada. A profissão do seu pai faz com que ele tenha inimigos e ele nunca atrasou sem avisar.

– Por que a senhora não telefona para o fórum, para os colegas dele? – opinou o filho, despreocupado.

E foi isso que Iva fez, por dez minutos telefonou para várias pessoas e ninguém sabia do juiz Eleocácio.

Nisso, a filha chegou, era uma moça bonita. Fora a uma festa; ao ver a mãe preocupada indagou-a, e quando ficou sabendo que o pai ainda não havia chegado, começou a chorar, deixando a mãe mais aflita ainda.

– Mamãe, será que aconteceu algo ruim com papai? Estou lembrando do sonho que tive com ele na semana passada em que o vi morto numa poça de sangue. Contei a ele, que riu e me disse que sonhar com uma pessoa morrendo é saúde para ela. Fiquei impressionada, mas esqueci, agora estou lembrando e até me arrepio. Será que aconteceu algo com papai?

– Vocês não devem pensar no pior – disse o rapaz. – Daqui a pouco ele chega.

– Papai nunca se atrasa sem avisar – falou a mocinha. – Temos de tomar uma providência.

– Por favor, meu filho, vá à delegacia, talvez tenha ocorrido um acidente, um assalto, procure mais informações e dê queixa de seu desaparecimento – pediu Iva.

– Será preciso mesmo mamãe? – perguntou o moço.

Vendo a mãe e a irmã preocupadas, resolveu ir. Chegando à delegacia, ficou indeciso, identificou-se e falou ao delegado:

– Minha mãe está preocupada, meu pai não voltou para casa, ele é pontual e não se atrasa nunca. Ele disse que ia chegar às vinte horas e ainda não voltou. Pensamos num acidente, ou que ele tivesse se sentido mal...

– Não ocorreu nenhum acidente – respondeu o delegado Cássio.

– Hoje é sexta-feira, talvez ele tenha ficado conversando com amigos, tenha ido a algum lugar e se esquecido de avisar.

– Minha mãe já telefonou para todos os amigos dele, e disseram que ele foi embora no horário de costume e que parecia normal.

– Vamos dar uma procurada, embora sejam poucas horas para considerá-lo desaparecido. Não se preocupe; se ele voltar avise-nos, e se soubermos dele lhe darei notícias.

O filho do juiz saiu e um investigador comentou:

– Esse juiz Eleocácio é mulherengo, está sempre envolvido com amantes. Atualmente tem saído com uma moça muito bonita, talvez esteja com ela.

– Sabe o nome e o endereço dessa moça? – indagou o delegado.

– Chama-se Suellen e sei onde mora – respondeu o investigador.

– Vamos lá, se encontrarmos o juiz, pediremos para ele telefonar para a família – falou o delegado.

Suellen morava num conjunto habitacional, num apartamento pequeno. Bateram à porta e a vizinha foi atender, estranhou ser a polícia.

– Procuramos por Suellen – disse o delegado. – Sabe se ela está em casa?

– Não está, saiu toda arrumada. Mas por que a procuram, ela fez alguma coisa? – perguntou a vizinha, assustada.

– Não, senhora, ela não fez nada de errado – respondeu o delegado tranqüilamente. – Só queríamos uma informação: se ela sabe de uma pessoa. Será que ela demora?

– Não sei não, senhor – respondeu a mulher. – Suellen não tem hora pra chegar em casa, pode até ser que tenha ido viajar, passar o final de semana em algum lugar. Sabem, ela agora tem um amante importante. Não sei quem é, mas tem dinheiro, tem dado presentes caros a ela.

– É só isso, senhora, obrigado pela informação – falou o delegado, despedindo-se.

– Querem deixar algum recado para ela? – perguntou a vizinha.

– Não – respondeu lacônico o homem da lei.

E foram embora.

– Tem dado dinheiro pra ela... Esse juiz é rico? – perguntou o delegado.

– Acho que se sustenta com seu ordenado – respondeu o investigador. – Mas dizem que ele não é muito honesto.

– Talvez não seja mesmo. Bem, não vamos nos preocupar com o casal de amantes. Tudo indica que foram passear juntos.

E esqueceram o assunto, pois tinham muito trabalho e sexta-feira à noite sempre aumentavam as ocorrências.

Iva passou a noite em claro e nada de notícias. No sábado à tarde falou tanto que o filho voltou à delegacia. O delegado Cássio o atendeu.

– Sr. delegado, por favor, estamos preocupados com meu pai, ele é juiz e vocês precisam tomar providências. O senhor não nos deu notícias.

– Não é descaso nosso. Investigamos ontem à noite e não o encontramos. Devo lhe dizer que seu pai tem uma amante e que esta não foi encontrada. Tudo indica que se ausentaram juntos – respondeu o delegado.

– O senhor acha que os dois estão juntos? Viajaram? – perguntou o moço, envergonhado.

– É o que concluímos. O juiz estava de carro, que não foi encontrado ou visto, não ocorreu acidente, assalto, nada que pudesse nos preocupar. Sinto dizer, mas seu pai deve ter ido passear com a amante e não avisou.

O moço encabulou, despediu-se com um aceno de cabeça e voltou para casa. Chegou, sentou-se ao lado da mãe e disse:

– Na delegacia, eles acham que papai viajou. Sinto em lhe dizer isto, mamãe, mas eles concluíram que ele foi a algum lugar com a amante, pois ela também se ausentou, desapareceu. E não acharam o carro do papai em lugar nenhum da cidade.

– Sei que ele está saindo com uma mulher. Sempre me traiu – falou Iva, suspirando. – Sou uma boba em ficar preocupada com ele. Mas não creio que ele tenha feito isso, viajado. Eleocácio sabe que eu sou preocupada e ele tem um nome a zelar.

– Mamãe, acho que não foi prudente eu ter ido à delegacia. Papai estará aqui na segunda-feira, pedirá desculpas e pronto, tudo ficará bem de novo. Isso se ele não resolveu nos abandonar para ficar com aquela mulher.

– Você a conhece? – perguntou Iva.

– Não. E nem quero. Vamos aguardar, e não quero vê-la mais preocupada. Ele não merece – falou o filho.

– Não merece, mas estou. Sinto que algo ruim aconteceu. Mas vou tentar fazer o que me pede, vamos aguardar as notícias com calma.

A filha escutou tudo e falou, sentida:

– Sei, mamãe, que papai não é bom esposo, não sei por que ele age assim e a trai. Eu o amo tanto, é bom pai. E a senhora tem razão em ficar preocupada, mas acho que o delegado e meu irmão estão certos, ele deve estar tão envolvido com essa mulher que foi com ela a algum lugar e se esqueceu de nós. Eu não ia sair, mas resolvi: vou ao cinema com minhas amigas. E não vou comentar com ninguém esse sumiço. Tenho vergonha de dizer que ele saiu com a amante.

Iva concordou, lá no íntimo algo lhe dizia que alguma coisa tinha acontecido, mas, para não preocupar os filhos, ficou quieta.

E no sábado à tardinha o delegado Cássio atendeu uma senhora com dois filhos.

– Viemos dar queixa do desaparecimento do meu esposo, pai dos meus filhos. Ele saiu ontem à tarde com seu patrão, disse-nos que ia fazer um trabalho e que voltaria no máximo às vinte e três horas e até agora não deu notícias.

– Não foram atrás do patrão dele? – perguntou o delegado educadamente.

– Claro que fomos. Primeiramente fomos ao local do seu trabalho: está fechado porque não trabalham no sábado. Também procuramos seus colegas de serviço e ninguém sabe dele. Fomos à casa do senhor Armando, o senhor para quem meu marido trabalha, e ele também está desaparecido.

– Não recebemos queixas deles, da família desse senhor Armando – falou o delegado.

– A esposa dele nem ligou para o desaparecimento do marido, disse-nos que ele costuma fazer isso. Ainda xingou-o de farrista, que deve ter ido a alguma festa e por isso ainda não voltou. O senhor Armando pode ser, mas meu Ademir não é disso, não teria ido, não se ausentaria sem avisar.

– Senhora – falou o delegado –, não ocorreu nada de violento nestas últimas horas em nossa cidade. Nem acidente, nem assalto, nada que deva preocupá-la. Talvez ele tenha ido com o patrão a algum lugar para se divertir, bebeu muito e, sabe como é, esqueceu. Ele deve voltar logo. Sempre há uma primeira vez... acompanhou o patrão, gostou. Vocês não devem se preocupar.

A mulher ficou vermelha, não falou mais nada e saiu com os filhos. O delegado comentou:

– Aparece cada uma aqui. Este final de semana é o dos maridos farristas. Estão se divertindo e as pobres mulheres ainda ficam preocupadas.

A esposa de Ademir saiu da delegacia indignada e falou nervosa para os filhos:

– Ainda tenho de ouvir ironias do delegado. Mas esse profissional deve saber o que fala. Ademir deve ter ido para a farra com o senhor Armando, deve ter gostado e ficado. Vou me separar dele! Não vou deixar que ele entre mais em casa.

– Ainda bem que não aconteceu nada... – falou um deles, mas não completou, pois a mãe olhou-o feio.

Tentaram acalmar a mãe. Acharam que ela tinha razão de estar irada. Eles estavam preocupados com o pai, e tudo indicava que estava com o senhor Armando em algum lugar divertindo-se.

A esposa de Armando, Magali, preparava-se no sábado para ir a uma festa. Nem se importou com o fato de o marido não ter dormido em casa nem ter chegado ainda. Era acostumado a fazer isso: saía sempre com amigos nas noites de sexta-feira. Devia ter ido a alguma festa, orgia, ou estar com alguma mulher. Ela não se importava, não sofria mais por isso. Não deu importância nem quando os dois filhos de Ademir, o empregado de Armando, vieram à procura dele.

– Não se preocupem – disse Magali. – Se Ademir saiu com Armando, deve estar bem. Não desapareceram, estão em algum lugar e, pelo que conheço do meu marido, na segunda-feira estarão de volta.

E, como era de seu costume, falou uns adjetivos pejorativos, e os dois moços foram embora assustados. Magali ficou resmungando:

– Esse vagabundo deve voltar para a festa desta noite, ele queria tanto ir.

Mas Armando não voltou, e Magali foi à festa sozinha e deu desculpas a quem perguntou por ele:

"Armando teve de viajar, negócios urgentes, queria muito vir, mas infelizmente não pôde deixar de trabalhar. Sabem como ele é prestativo e ocupado...".

E aproveitou a festa, indo dormir de madrugada. Acordou tarde no domingo e nem ela nem os filhos se preocuparam com Armando. Magali não quis procurá-lo, e a delegacia seria o último lugar aonde iria.

Num pequeno bar à beira da estrada, não longe da cidade, Célio estava preocupado. Ele era empregado e seus patrões haviam sumido.

"Que faço?", resmungou. "Aonde foram que não dão notícias? Nunca fizeram isso antes. Teriam avisado se fossem demorar. Não teriam deixado tudo aqui assim. Ontem à noite me desdobrei e tudo deu certo. Mas hoje é sábado, dia de movimento."

O local era discreto. A uns duzentos metros da estrada municipal, havia um caminho de terra e ali se localizava o bar. Não era escondido, mas muitas árvores impediam de ver o resto da construção, que eram quartos de encontros. Célio se preocupava com as meninas, sozinho, sem os patrões, era difícil controlá-las. Elas temiam dona Maria Gorete, a patroa.

Foi quando o telefone tocou e ele atendeu. Uma voz que ele não definiu ser masculina ou feminina lhe deu a notícia.

– Seus patrões foram presos! Aviso-o que logo a polícia estará aí.

– Quem fala? Por favor, identifique-se! Alô! Quem é? – Célio gritou.

A pessoa não falou mais nada e desligou.

"Que fazer?", resmungou Célio. "Será que é verdade? Dona Maria Gorete e senhor Benedito foram presos? Se foram, logo a polícia estará aqui, e se encontrar provas as coisas vão se complicar e sobrará para mim. Não quero ser preso. Provas? São as meninas!"

Célio inquietou-se, andou de um lado para outro sem saber o que fazer.

"Desfaço-me das provas ou não? Se eles estão na cadeia, acabarão falando e, se a polícia vier aqui e não achar nada, não poderá acusá-los. Não vou ficar aqui esperando, não vou mesmo. Vou pegar o dinheiro que está no caixa, dar algum para as meninas, soltá-las e me esconder. É isso!"

Suspirou aliviado pela decisão. Abriu a gaveta do caixa, pegou todo o dinheiro, não era muito, o resto devia estar bem escondido, ele não sabia onde, mas aquele devia dar. Foi apressado para os fundos do imóvel, atravessou um corredor com quartos dos dois lados e parou diante de um deles, fechado com um cadeado. Abriu. Não se abalou diante do que viu. Dentro do quarto todo fechado, com duas pequenas aberturas de vidro e grade bem no alto, tendo só camas e um armário, estavam cinco garotas. Todas novas e bonitas, que o olharam, indiferentes.

– Meninas, tivemos complicações, vão ter de sair daqui e depressa. Arrumem suas coisas e se mandem.

– Para onde? De que jeito? – perguntou uma delas.

– Obedeçam e se virem. Vocês vão sozinhas – disse Célio.

– Está nos libertando? – indagou outra, surpresa.

– Nunca estiveram presas, só não podiam sair por estarem nos devendo. Mas agora isso não importa. Vou dar a vocês uma pequena ajuda para saírem daqui. Chega de conversa, vamos logo – disse Célio, autoritário.

– Só isso? – perguntou uma garota ao receber o dinheiro.

Mas as outras a olharam, e entendeu que era melhor fazer o que ele queria e irem embora daquele lugar horrível.

– Enquanto vocês pegam suas coisas, vou falar com Nico.

Saiu, deixando a porta aberta.

– Não acredito! Vamos embora logo! – falou uma mocinha.

– Será que a Polícia descobriu este lugar? Talvez seja melhor ficar e esperar. Ontem não vi o casal carrasco nem hoje. Onde será que estão? – perguntou uma outra.

– É melhor irmos embora e já, pegaremos o ônibus e depois resolveremos o que fazer, se vamos ou não à polícia – disse uma garota.

– Não adianta nada ir à polícia, é melhor fugirmos. Eu vou para casa e nunca mais me meto em confusão nem caio na conversa de emprego fácil.

Trocaram de roupa, tinham marcas de violência, se não obedecessem eram surradas. Desconfiadas e com medo, arrumaram tudo depressa e saíram. Foi um alívio estar do lado de fora da casa; andaram apressadas até a estrada e ficaram no ponto de ônibus, que não demorou para passar. Sem saber ao certo o que fazer, pararam no centro da cidade. Só uma delas era da região e convidou as outras para irem à sua casa, mas elas decidiram ir para a estação de trem o mais rápido possível e cada uma ir para sua cidade e para casa. Foi o que fizeram.

Célio, após soltar as meninas, saiu do prédio e foi aos fundos, onde estava a casa de outro empregado.

– Nico, dona Maria Gorete e o senhor Benedito sumiram desde ontem à tarde. Recebi um telefonema estranho e disseram que eles foram presos. Não sei o que pode ter acontecido com eles, talvez seja verdadeira a informação, senão eles teriam dado notícias. Soltei as meninas, assim, se a polícia vier aqui, não encontrará provas.

– Presos? Mas eles pagam para não ser – respondeu Nico, surpreso.

– Sabe como é, existem muitos policiais honestos. O fato é que eles sumiram e eu não vou ficar aqui esperando a polícia e ser preso também. Tome este dinheiro que peguei no caixa e estou repartindo com você. Vai ficar aqui?

– Vou, minha mulher e eu somos só caseiros, não sabemos nem vimos nada. Não tem nada que prove que fizemos algo errado. Vá embora, iremos lá dentro e esconderemos tudo. Tenho certeza de que logo os patrões voltarão – falou Nico, confiante.

– Você é quem sabe. Já vou indo! – Disse Célio, despedindo-se.

Célio foi embora, mas ficou por perto, e foi só na segunda-feira que a polícia esteve no bar. O empregado ficou preocupado com o desaparecimento dos patrões; não porque gostasse deles, mas pelo emprego. Ganhava bem e tinha as garotas para si quando quisesse.

Eram seis que desde sexta-feira não davam notícias. Ninguém se preocupou com Suellen e Armando. Quanto ao casal do bar, os três empregados temiam por eles mesmos.

A família de Ademir estava mais magoada que preocupada. Os filhos queriam que o pai voltasse logo para explicar o que tinha acontecido. A esposa pensava no marido farreando e decidiu que ia lhe dar uma lição; não ia deixá-lo entrar em casa.

Preocupada mesmo estava Iva e sua filha. Mesmo Eleocácio a traindo, ela o conhecia e sabia que ele era incapaz de abandoná-los ou agir imprudentemente, desaparecendo assim. Devia realmente ter acontecido algo. Pensou em muitas possibilidades, até mesmo em seqüestro por vingança. Ansiosa, esperou pela segunda-feira, porque o delegado Cássio lhes prometera que se ele não aparecesse pela manhã, expediria o mandado de busca.

E eles passaram o final de semana desaparecidos.

2 O crime do sobrado

Mariinha vinha para o trabalho toda contente como sempre.

Era alegre, simpática e risonha. Caminhava apressadinha; entrou na rua curva. Essa rua era pequena, ficava entre duas principais da cidade, fazia uma curva e era estreita, com muitas casas. Tinha o nome de um estrangeiro, que era complicado de pronunciar, e todos a conheciam por rua curva.

"Não sei por que dar a um lugar um nome tão complicado de uma pessoa que ninguém conheceu ou sabe quem foi", pensava Mariinha.

– Bom dia! Como vai?

E ia ela cumprimentando a todos.

"Dona Zefa deve estar me esperando ou ainda dormindo", pensou.

Avistou o sobrado. Era empregada de dona Zefa, a dona do sobrado, a casa mais bonita da rua curva. A construção ficava metros recuada, pintada de bege com grades de cor cinza na frente. O jardim rodeava a casa, era bonito, bem cuidado pelo jardineiro, que vinha uma vez por semana. Mariinha gostava de seu trabalho, dona Zefa sempre foi boa patroa, educada e, embora a casa fosse grande, o trabalho não era muito, pois era sozinha. Estava distraída e foi despertada dos seus pensamentos por dona Lázara, a vizinha da frente.

– Bom dia, Mariinha!

– Bom dia, dona Lázara. Como foi a festa na sexta-feira?

– Muito boa, estava animada. Mariinha, estou preocupada com dona Zefa; ninguém a viu ontem e a luz da salinha ficou acesa.

Mariinha olhou e respondeu:

– De fato está. Mas isso não me preocupa, dona Zefa está esquecida.

– Você sabe se ela saiu? Tentei telefonar, mas parece que o fone está fora do aparelho. Também a chamei, bati no portão e ela não atendeu – disse dona Lázara.

– Dona Zefa me falou que passaria o final de semana na casa do senhor Armando, só que não acreditei, pois dona Magali telefonou na sexta-feira de manhã e não disse nada, nem minha patroa arrumou suas roupas para ir. Achei que deu desculpas, só para me dar uma folga. Mas ela pode ter saído, pois o faz muito. Quanto ao telefone, ela pode ter esquecido fora do gancho. E atender à porta, nem sempre escuta as batidas – respondeu Mariinha.

Olhou a caixa de correspondência e franziu a testa.

– Que foi? – indagou dona Lázara.

– Dona Zefa não pegou o jornal de sábado nem o de domingo.

Isso ela nunca fez. Minha patroa não deixa de ler o jornal por nada.

Será que aconteceu alguma coisa? Não é melhor telefonar para o senhor Armando? – perguntou Mariinha, falando apressada.

– É tão cedo, ele deve estar dormindo. Não é bom incomodá-lo sem tentar saber o que aconteceu. Vá lá dentro, talvez dona Zefa esteja bem – falou dona Lázara.

– Vou fazer isso. A senhora não quer entrar comigo?

– Vou com você – respondeu a vizinha.

Mariinha abriu o portão, pois tinha a chave, e então entraram. Atravessaram o jardim e ela abriu a porta da cozinha. Olhou tudo.

– A cozinha parece estar como deixei na sexta-feira.

– Vamos lá em cima nos quartos, ela pode estar dormindo.

– Talvez esteja – disse a empregada –; às vezes ela se levanta mais tarde.

Ao chegar à escada Mariinha comentou:

– Aqui está com um cheiro esquisito.

– É de casa fechada – falou dona Lázara.

Subiram. A escada terminava num estreito hall, um corredor com as portas dos quatro quartos.

Mariinha foi direto ao quarto de sua patroa, abriu a porta, a luz estava acesa.

– Está tudo arrumado e ela não está aqui – disse a empregada, preocupada.

– Talvez tenha ido dormir em outro quarto. Vamos olhar – falou a vizinha.

Foram abrindo as portas dos outros quartos e nada, mas em um deles a cama estava desarrumada.

– Parece que aqui dormiu alguém – falou dona Lázara.

– Certamente não foi minha patroa, ela não deixa a cama assim. Não sei o que está se passando, mas desconfio que ela tenha recebido alguém para dormir nesta cama de casal. Mas deixemos isso para lá. Vamos procurá-la. Dona Zefa! Dona Zefa! – gritou Mariinha.

Desceram as escadas.

– Acho melhor telefonar para o Armando, o sobrinho dela. Quem sabe dona Zefa não está com ele? – Disse dona Lázara.

– Pode ser, ela me falou que ia sair com ele. Talvez ela tenha ido mesmo passar o final de semana com os sobrinhos. Vamos telefonar – disse a empregada, preocupada.

Tentaram abrir a porta da salinha onde ficava o telefone e não conseguiram.

– Está trancada! – Exclamaram as duas.

O sobrado tinha três salas e uma cozinha grande no andar térreo; essa salinha tinha saída independente, que dava para a garagem.

– Esta sala nunca fica trancada. Isso é muito estranho – comentou Mariinha.

– Será que ela está aí? – Dona Lázara bateu à porta, chamando-a.

Silêncio total, ninguém respondeu. As duas se olharam.

– Que vamos fazer? – Perguntou a vizinha.

– Vou olhar pela vidraça. Venha comigo!

As duas deram a volta pela cozinha.

– De quem são estes carros? – Perguntou Lázara.

– Não estou gostando disto; entrei tão preocupada que nem os vi. Este carro vermelho é do senhor Armando. O que será que está acontecendo? – Disse Mariinha, aflita.

Mariinha pegou uma escada e colocou na janela, onde, no alto, havia um espaço só de vidro.

Mariinha subiu, olhou, deu um grito abafado, rouco, desceu depressa, caiu no chão, ficou deitada na grama com os olhos arregalados.

– Que foi Mariinha? Que você viu? Que está sentindo? – perguntou dona Lázara, aflita.

A interpelada não conseguiu falar, mostrou com a mão a janela.

Dona Lázara resolveu subir na escada e olhar também.

– Meu Deus! – Gritou a vizinha e desceu apressada. – Vou chamar a polícia!

– Espere! Ajude-me a levantar! Não quero ficar aqui sozinha. – Mariinha conseguira falar.

As duas saíram correndo e ao chegarem à rua começaram a gritar, e os vizinhos que estavam em casa correram até elas. Apavoradas, falavam depressa, de forma confusa, e ninguém entendia. Até que um senhor gritou mais alto que elas:

– Calma! Calem-se! Fale você, Lázara, devagar para que entendamos.

– Dona Zefa deixou a luz da salinha acesa durante o dia, telefonei para ela, mas o fone estava fora do gancho, não a vi e ela não atendeu quando a chamei. Quando Mariinha chegou hoje, falei das minhas preocupações e ela me pediu para entrar na casa junto. Não a achamos em lugar nenhum e aí resolvemos telefonar para o Armando, mas a salinha estava trancada. Subimos na escada pelo lado de fora, para espiar pela janela e ver o que acontecia lá dentro. Ai, que horror! Está uma confusão, pessoas caídas, ensangüentadas. São várias. Horrível!

– Dona Zefa está lá? – Indagou o senhor.

– Eu a vi – respondeu Mariinha chorando –; e parece que o senhor Armando também está.

– Ninguém entra na casa, vou chamar a polícia – falou o senhor.

Foi aumentando o número de pessoas que queriam saber o que estava acontecendo. Mas ninguém entrou enquanto a polícia não apareceu. O delegado Cássio chegou e indagou:

– Que acontece aqui?

Todos começaram a falar e logo se calaram, e o senhor explicou:

– Várias pessoas mortas? – Perguntou o delegado, duvidando.

– Foi o que elas disseram ter visto – falou o senhor.

– Vamos entrar – disse o delegado a seus companheiros.

Ele e dois investigadores entraram na casa, não mexeram em nada, viram a sala trancada e fizeram como elas, subiram na escada para espiar.

– Não é que as mulheres têm razão! Um crime bárbaro, muitas pessoas aqui trancadas – disse um investigador.

– Peça reforço, vamos abrir a porta, talvez tenha alguém ferido – falou o delegado.

Um dos investigadores abriu a porta com seu feixe de chaves e lá estavam: sete pessoas caídas, ensangüentadas. O delegado Cássio rapidamente as examinou e concluiu:

– Todas mortas! Chame a empregada e a outra mulher aqui.

Elas foram com receio. O delegado perguntou:

– Vocês sabem quem são estas pessoas?

Mariinha parou de chorar para responder:

– Esta é dona Zefa, minha patroa, a dona da casa, e este é o senhor Armando, o sobrinho dela, o resto não sei quem é...

Lázara também só conhecia os dois. Saíram, e um dos investigadores falou:

– Delegado Cássio, estamos diante de um crime bárbaro e um problema sério. Sete cadáveres! Esta é Suellen, a amante do juiz, conheço-a. E este não é ele?

– É – respondeu o delegado, mal-humorado. – Que estariam fazendo os dois aqui?

– Se este é o Armando, será que este não é o tal do Ademir, que a família foi procurar? E estes dois não são o casal que estávamos a observar, que tem aquele prostíbulo? – perguntou o investigador.

– Está parecendo – respondeu Cássio suspirando. – Devem ter sido mortos na sexta-feira, mas por quê? Quem fez isso? Por que aparentemente pessoas que nada têm a ver umas com as outras foram assassinadas juntas? Por que estavam aqui neste sobrado, cuja proprietária é uma pessoa boa, de bem? – Foram dados dois tiros em cada uma, no peito, mirando o coração. A pessoa que atirou, o assassino, tem boa pontaria. Como os vizinhos não escutaram? – Perguntou o investigador.

– Os vizinhos comentaram que na sexta-feira houve uma festa junina na rua de cima. Além de irem todos, soltaram muitos fogos de artifício.

O barulho dos tiros foi confundido, isso se alguém os escutou.

Vieram outros policiais, a polícia técnica, fotografaram, tiraram impressões digitais, escutaram pessoas e ninguém pôde ajudar. Mariinha chorava, sentida.

– Quem fez isso, meu Deus? Dona Zefa era boa, todos gostavam dela, estava ultimamente um pouco perturbada, ficou assim desde que a filha faleceu. Era um encanto de pessoa, nunca vou encontrar uma patroa como ela. Que será que estas pessoas estavam fazendo aqui?

Era isso que o delegado Cássio queria saber. Os corpos foram para o hospital, para o necrotério. Foram chamados familiares para o reconhecimento.

Iva chegou com os dois filhos, reconheceu Eleocácio. Mãe e filha estavam aflitas. A esposa do juiz falou ao delegado:

– Por que está morto? Foi assassinado? Agora certamente o senhor delegado irá investigar, não é? Disse-nos que talvez tivesse viajado e estava aqui na cidade, e morto!

O delegado Cássio engoliu a saliva para não ser grosseiro, e a filha falou:

– A polícia não serve para nada!

– Desculpem-me, senhoras – disse o delegado. – O juiz está morto, como também sua amante. Não errei quando os julguei juntos. Depois, o que ele estava fazendo na casa dessa senhora, dona Josefina, conhecida por dona Zefa? Vocês podem me dizer? Será que alguém lembraria de procurá-lo lá? Vocês sabem se o juiz conhecia a dona do sobrado? Não! Também não somos adivinhos. A polícia fez o que pôde. O corpo dele está liberado, podem levá-lo.

Iva e a filha choravam, sentidas.

"De fato", pensou a esposa, "o marido morreu com a amante". Encontraram os corpos um ao lado do outro. Ela observou Suellen, achou-a bonita, muito enfeitada, embora estivesse com os olhos abertos, arregalados. Não conseguiu ter dó nem raiva. Sentiu-se indiferente. O filho ficou quieto.

Os enterros tinham de ser feitos o mais depressa possível, o odor já era desagradável. O filho do juiz contratou uma funerária, que veio rápido e fez os preparativos. Eleocácio foi velado numa sala de luxo do velório do cemitério local. Compareceram pessoas importantes, outros juízes, advogados e familiares. Iva o amava, mas estava sentida, humilhada, e foi com esforço que agüentou os comentários. O filho, apegado à mãe, aborreceu-se por ter o pai morrido com a amante, sentia vergonha. A família foi para casa aliviada após o enterro, estava disposta a esquecer aquele episódio.

– Vamos viajar em julho, passaremos as férias viajando; e estou com vontade de mudar de cidade. Morar no Sul com meus familiares.

Que vocês acham? – Indagou Iva aos filhos.

– Eu quero, assim não terei de ouvir os comentários maldosos sobre a morte do meu pai – disse o filho.

– Sentirei falta de papai, eu o amava. Mas quero esquecer e mudar. Em vez de viajar, vamos aproveitar as férias e fazer essa mudança – disse a filha.

E assim fizeram, mudaram para longe e esqueceram esse episódio ruim para eles.

Suellen foi reconhecida pela vizinha. A polícia avisou um irmão dela, que morava em outra cidade, e ele veio com a mãe. Chegaram só à noite; o caixão foi lacrado e o reconhecimento se deu através do visor de vidro. A mãe chorou, depois foram para um hotel e a enterraram no outro dia cedo. Foram poucas pessoas ao enterro: duas amigas, quatro vizinhas, a mãe e o irmão. Depois, os dois membros da família foram à casa de Suellen, encaixotaram tudo, chamaram uma transportadora e mandaram que levassem para a cidade onde moravam. Entregaram a casa ao proprietário e partiram. Também não puderam ajudar o delegado Cássio nas investigações. Sabiam pouco de Suellen e, segundo eles, era a ovelha negra da família.

Magali, a esposa de Armando, e seus dois filhos vieram e ficaram indiferentes, reconheceram o corpo e levaram-no para o velório, enterrando-o horas depois. Érica, uma outra filha dele, a do seu primeiro casamento, chegou minutos antes do enterro, cumprimentou os irmãos de longe. Ninguém chorou. Estavam os moços e a esposa mais preocupados com eles mesmos. A tia rica falecera também e esperavam herdar a fortuna dela, mas Armando não lhes faria falta. Não se importaram com o mistério que envolvera esses assassinatos; deveria haver, sem dúvida, muitas pessoas com vontade de matá-lo, e alguém o fez, mas para eles não importava quem.

Só que, quando a polícia revistou o sobrado, encontraram na mesinha de cabeceira do quarto de dona Zefa uma cópia de seu testamento. Ela tinha deixado toda a sua fortuna para Érica, filha de seu sobrinho com sua primeira esposa. Só deixou uma quantia, diga-se, razoável, para sua empregada de muitos anos, Mariinha. Também perdoava todos que lhe deviam. E souberam então que eram muitas as pessoas para quem ela havia emprestado dinheiro.

Magali e os filhos quando souberam do testamento ficaram furiosos. Mas não houve como mudar e ficaram arruinados, sem nem ter onde morar.

Mudaram para uma casa simples, num bairro longe. Os moços, que nunca haviam feito nada, não queriam trabalhar e se envolveram numa situação arriscada, e um deles foi preso. Érica ajudou-os: tirou-o da prisão, deu uma casa para que morassem e pagou as dívidas deles; avisou que não ia ajudá-los mais e não o fez.

Érica, a herdeira de dona Zefa, nunca imaginou que fosse herdar a fortuna da tia-avó. Ela e a mãe viveram sempre com dificuldades financeiras, foram poucas as vezes em que dona Zefa as ajudou. Mas é que elas desconheciam que a tia pensava que as ajudava: dava dinheiro ao sobrinho para mandar a elas, mas Armando nunca o fez. Érica, ao receber a fortuna, tratou de cuidar bem do que herdou. O sobrado da rua curva, cenário do crime bárbaro, foi modificado, pintado de outra cor, a saleta transformada. Tirou os móveis de lá e os vendeu, depois alugou o imóvel, que foi transformado numa pensão para estudantes. A herdeira soube bem cuidar de tudo. Ajudou os irmãos só aquela vez, não queria que se acostumassem. Não havia afeto entre eles, os moços sempre a ignoraram, desprezando-a.

A família de Ademir chorou muito. A esposa ficou com remorso por ter pensado mal do marido, imaginando-o na farra. Ela e os filhos se desesperaram ao reconhecer o corpo. Os familiares sentiram muito, Ademir para eles era boa pessoa. Levaram-no para o velório, onde houve desmaios e gritos. Após o enterro, sofrendo muito, foram para casa. A esposa e os filhos dele foram os únicos a cobrar da polícia, do delegado Cássio, uma solução. Queriam saber por que ele fora assassinado e quem tinha feito isso.

Os corpos do casal proprietário do bar da estrada ficaram lá no necrotério; a polícia teve de buscar os caseiros, o casal de empregados, para reconhecer os corpos. Nico e a esposa disfarçaram o medo e tentaram ser rápidos no reconhecimento. Ficaram sem saber o que fazer, se enterravam ou não os patrões. Disseram aos policiais que desconheciam se eles tinham parentes. O delegado liberou-os e foi com sua equipe revistar o bar. Nada encontrou. O estabelecimento foi lacrado.

Como não apareceu nenhum parente, os dois foram enterrados juntos e ninguém foi ao enterro deles.

A propriedade pertencia ao Benedito e constava em seus documentos que ele era solteiro. E tudo foi abandonado. Nico e a esposa procuraram o dinheiro dos patrões que deveria estar escondido e o acharam no quarto do casal, num fundo falso do assoalho. Ficaram com o dinheiro e mudaram para longe. A Justiça esperou o tempo certo para alguém reclamar o prédio, como ninguém o fez, ficou lá sem ter ninguém para cuidar. O tempo e os depredadores o fizeram em ruínas.

E foi logo após se anunciar a morte deles que três garotas vieram dar queixas do casal e de Célio, o empregado, que fugiu, escondendo-se bem longe.

As vizinhas trataram de organizar o enterro de dona Zefa. Embora o velório tenha sido de poucas horas, teve muitas flores, muitas pessoas. Foram muitos os curiosos, o crime chocou a cidade, mas lá estavam muitos amigos, porque ela só tinha os três sobrinhos-netos de parentes. Josefina era uma pessoa querida, bondosa, e muitos lhe deviam favores. As vizinhas, amigas, choraram sentidas e muitas lembraram de orar. Enterraram-na junto do esposo e da filha querida.

Os moradores da cidade estavam indignados e indagavam o porquê desse crime; comentavam muito, só se falava dos assassinatos do sobrado da rua curva.

O delegado Cássio estudou todas as possibilidades: os sete foram assassinados no mesmo instante e local; não roubaram nada e a casa estava em ordem, sem sinal de luta; nenhum deles tinha pólvora na mão, não haviam pegado em armas.

A sala que estava trancada era quadrada e tinha duas portas, uma de frente à outra; uma dava para o interior da casa, outra para a garagem. Os corpos foram achados desta forma: em frente da porta que dava acesso ao interior da casa, dona Josefina; ao que tudo indicava, estava de pé quando morreu; ao seu lado direito, sentados num sofá, o casal Benedito e Maria Gorete; embaixo da janela estavam também sentados Armando e Ademir; e do lado esquerdo da porta, que saía para a garagem, Suellen, sentada numa cadeira, e o juiz deveria estar de pé ao seu lado.

O portão grande da rua dava para uma área aberta, onde estavam o carro de Armando e o de Benedito, e depois ficava a garagem fechada, onde estavam os carros de dona Josefina e o do juiz.

A polícia não conseguira descobrir o porquê de estarem os sete ali, se eles se conheciam e que relação havia para serem mortos juntos.

Se fosse para eliminar o juiz, seria muito mais fácil fazê-lo em outro lugar. Por que ali e com outras pessoas?

Se fosse para assassinar o casal Benedito e Maria Gorete, teria sido conveniente no bar.

Se fosse para se vingar de Armando, por que ali, no sobrado?

E tudo indicava que a inocente era dona Zefa. Por que a teriam matado? Uma pessoa benquista, querida.

Os moradores da cidade cobravam a solução, os repórteres incomodavam. A polícia foi tachada de incompetente, e não podiam nem se defender, porque, por mais que se esforçassem, não achavam uma pista, nada descobriram. O caso ficou sem solução, uma pedra no sapato do delegado Cássio, que nunca esqueceu o mistério que envolveu o crime do sobrado.

3 No umbral

Mary estava trabalhando numa casa de socorro situada no umbral. O posto Lar Amigo era grande, bonito e com muitas flores, que encantavam nossa socorrista.

"Sempre gostei de flores e nunca esperava encontrá-las após a morte. Ironia! Morte? Esta, como pensava, não existe, nunca existiu. Desencarnação é o termo certo. Nunca me senti tão viva! Como a vida é bela e as Leis Divinas, perfeitas!"

Mary era muito simpática, tinha a mesma aparência de antes de desencarnar, de uma pessoa idosa, pois quando teve seu corpo morto este estava envelhecido pelo muito que vivera encarnada. Sempre foi elegante, com qualquer traje se destacava. Os cabelos brancos eram mantidos num coque e seu sorriso cativava a todos. Mas o que chamava mais a atenção eram seus olhos castanhos e seu olhar inteligente. Era feliz ali, tinha amigos, visitava parentes, sabia de todos que lhe eram queridos e, o principal, trabalhava muito e amava o que fazia.

Estava no jardim apreciando as flores quando escutou alguém chamá-la:

– Mary, o orientador Alfredo quer lhe falar.

Sorriu, agradecendo, e foi rápido, esta era uma de suas características: ser ligeira em tudo. Foi falar com o orientador amigo.

– Mary – disse Alfredo, cumprimentando-a risonho –, tenho um trabalho especial para você.

Expôs sua tarefa e finalizou:

– Alguma pergunta?

– Várias. Será que estou apta para fazer isso? Não é um trabalho para um colega mais experiente? – indagou a socorrista.

– Mary, sempre que nos defrontamos com uma tarefa especial, vemos depois que há um porquê. Confio em você, é capaz e fará a contento. E, depois, estarei por perto para ajudá-la. Aqui está tudo sobre eles, o que lhe será útil. E você terá de descobrir mais informações conversando, pois sua ajuda consiste em conduzir as coisas de forma que eles mesmos falem de si. Será conversando que se entenderão. E cabe a você fazê-los entender que necessitam de socorro, de conhecer outra forma de viver. Leia este relatório e daqui a duas horas vou com você até onde estão para que conheça o local. E você iniciará seu trabalho amanhã, logo cedo.

Mary saiu do gabinete do orientador Alfredo com uma pasta nas mãos, voltou para o jardim, sentou num banco de madeira. A vista dali era muito bonita. Embora o jardim fosse pequeno, seus canteiros geométricos lhe davam uma harmonia perfeita.

"Tudo tem encanto, basta observarmos bem", pensou Mary.

Abriu a pasta, leu o relatório e em seguida foi se preparar para sair do posto rumo a uma parte do umbral.

No horário marcado, ela e Alfredo saíram do Lar Amigo.

Mary tinha sempre uma sensação estranha ao andar pelo umbral. O que primeiro sentia era o cheiro; o odor da zona umbralina é característico, uma mistura de lama e podridão que feria seu olfato sensível.

– Sempre fico em alerta quando saio do posto – comentou a socorrista.

– Isso é normal, aqui é um lugar em que se deve estar sempre atento – respondeu Alfredo. – Vamos por aqui.

Os quilômetros que rodeiam o Lar Amigo têm muitas trilhas e, para descer em alguns pontos, há degraus de pedras. A claridade era amena e os dois andavam lado a lado.

– Senhor, senhora, por favor!

Aproximou-se deles um desencarnado, que bastou falar para ser reconhecido.

– Boa tarde, Silva! – Cumprimentou Alfredo.

– Queria abrigo novamente – disse ele. – Será que não podem me levar agora?

– Novamente! Por vezes você já pediu ajuda no Lar Amigo e é só melhorar que sai. Silva, precisa decidir o que quer – falou Alfredo.

– Agora é diferente, quero mudar mesmo – respondeu o homem.

– Você já falou isso antes – disse Alfredo. – Mary e eu estamos saindo para um reconhecimento, para um trabalho, e não podemos nos atrasar. Vá você ao posto e peça abrigo.

– E se eles não me quiserem? – Perguntou Silva.

– Terá de ter paciência, esperar e provar aos trabalhadores do posto que você agora está mudado mesmo. Porque, Silva, já por vezes o recebemos com todo o carinho e do melhor modo possível e você se queixou, não foi grato e, todas as vezes, sentindo-se melhor de seus ferimentos, dos reflexos das doenças que teve no seu corpo físico, saiu fugido e nem se despediu ou agradeceu. Como já viu, nossa casa é pequena para os muitos necessitados, os trabalhadores se desdobram para atender a todos e não podemos atendê-lo no lugar de um que deseja realmente mudar.

– Vocês não vão me levar? Tenho que ir lá? Mas estou com dificuldades para andar – falou Silva.

– Terá que ir. Até logo!

Silva ficou indeciso se ia ou não, queria mesmo ser levado. Alfredo e Mary continuaram a caminhar, saíram do posto com um propósito e ele tinha de ser feito dentro do horário previsto.

– Nesses anos todos trabalhando no Lar Amigo, ainda não me acostumei com as pessoas que só querem tirar proveito, querem receber, nem digo dar algo em troca, mas fazer alguma coisa de bom a si mesmas. Esse Silva já foi por quatro vezes ao nosso posto – comentou Mary.

– Mas agora só o atenderemos quando demonstrar que desta vez será diferente, que quer mudar – falou Alfredo.

Andaram por duas horas sem parar. Mary foi observando a paisagem, que é monótona e triste, o que dá vida são os espíritos que estão lá. Passaram por eles grupos de arruaceiros, fazendo algazarra, rindo e falando alto, grupos de moradores mais quietos, que evitavam olhá-los, e outros que nunca perdem a oportunidade de ofender os trabalhadores do bem.

Mary era sempre observadora, bastava-lhe uma rápida olhada para ver tudo o que a interessava. Gostava de ver como eles se vestiam, a diversidade dos trajes. Os moradores trajam-se de muitas maneiras, alguns homens parecem cavaleiros antigos, têm armaduras, outros se enfeitam com correntes, outros preferem poucas roupas, uns se vestem usando muitos tons, mas a maioria com roupas normais. Há preferência por capas, que são quase sempre marrons ou pretas. As mulheres se vestem com trajes mais variados, mas poucas são as que usam vestidos e, quando o fazem, normalmente são longos. Estão sempre muito enfeitadas e com muito brilho. Muitos moradores são bonitos, mas é uma beleza sem harmonia; olha, acha bonito, mas, se observar bem, não têm encanto e simplesmente a beleza se desfaz. É porque, desarmonizados, não tendo a lindeza interior, tudo é externo, superficial.

Aqueles que vagam pelo umbral, que sofrem, não se preocupam com detalhes externos, e os que o fazem não sabem mudar sua aparência, estão quase sempre em farrapos, sujos e, conseqüentemente, desprovidos de beleza.

Mary sempre que saía pela zona umbralina tinha vontade de parar e ir falar com todos os sofredores que encontrava pelo caminho. Como seguia Alfredo, entendeu que não estava lá, desta vez, para isso. Pararam e o orientador falou:

– Mary, é ali naquela entrada de caverna que irá trabalhar.

– Terei mesmo de ficar lá dentro até ajudar todos? Não poderei sair? – Perguntou a socorrista.

– Sim, deve ficar lá com eles, ouvi-los, fazer com que se entendam, perdoem-se, e de preferência deve sair com todos – respondeu Alfredo.

– Todos? E se algum não quiser o socorro? – Indagou Mary.

– Saberá como agir. A recomendação é sair com todos, você se esforçará para que aconteça assim, mas, se algum for mais teimoso, nada a impedirá de sair com os que querem mudar a forma de viver – disse Alfredo delicadamente.

Mary observou o local externamente. Encravada numa rocha, havia uma porta e uma janela com grades, na qual só o pedaço de cima não estava tapado. Por aquele espaço de uns oito centímetros entrava a pouca claridade.

– Agora voltemos – disse Alfredo. – Amanhã você virá e iniciará seu trabalho.

– Ainda não entendo por que eu! – Exclamou Mary.

– Entenderá, minha cara, entenderá – disse Alfredo sorrindo.

Naquela noite, Mary, após arrumar tudo o que lhe havia sido recomendado, sentou-se no banco do jardim, seu lugar preferido, e observou o céu, as poucas estrelas que podia ver dali e as flores. Orou com sentimento, pedindo ao Pai para que conseguisse fazer do melhor modo possível a tarefa que lhe fora determinada.

Mary era uma senhora distinta. Trajava sempre vestidos abaixo dos joelhos e sua cor preferida era cinza-claro. Fazia questão de estar sempre bem-arrumada, isso fazia bem a ela, à sua vaidade feminina e aos abrigados do posto, que gostavam de ver uma idosa elegante.

Foi de madrugada que se levantou do banco do jardim e foi para seu quarto, seu cantinho, onde tinha seus pertences pessoais. Vestiu um outro traje, um macacão largo, apropriado por ser mais confortável para andar pelo umbral. E verificou pela última vez se não estava esquecendo nada.

Com uma mochila grande nas costas foi para o pátio, e o orientador Alfredo estava lá para se despedir dela.

– Mary, espero que você tenha êxito, aja com calma e paciência e use o amor como fonte de inspiração. E estarei aqui para aconselhá-la e orientá-la. Bom trabalho!

Abraçaram-se. Mary teve ainda vontade de perguntar de novo: por que ela? Conteve a curiosidade, se houvesse motivos logo saberia. Sorriu, agradecendo, e saiu do posto. Andou ligeiro, e desta vez sem observar muito. Tinha um objetivo e era melhor ir rápido.

Chegou, respirou fundo e entrou. Após uma rápida olhada em que viu tudo, relaxou e observou detalhes. Estava plasmada no local uma sala, com duas portas, mas só uma dava abertura, e uma janela com grades, que estava fechada, só o vão no alto. Também tinha móveis, dois sofás de dois lugares e duas cadeiras. Tudo estava sujo.[1]

Por fim, Mary olhou para aqueles a quem tinha vindo tentar auxiliar. Sete. Os sete assassinados no sobrado da rua curva. Que, após terem desencarnado, vieram para o umbral juntos, ficaram num canto e, achando que ainda estavam na salinha, plasmaram-na e ali ficaram por anos.

– Bom dia, sou Mary! – Exclamou a socorrista.

Ninguém respondeu. Estavam acostumados a receber visitas, auxílio de outros socorristas. Mesmo aqueles que não estão aptos a merecer socorro, ao serem levados para um abrigo, são visitados por trabalhadores do bem que auxiliam sofredores pela zona umbralina. Eles trazem água, remédios, alimentos e conversam com eles. Pensaram que se tratasse de mais uma visita e olharam-na, somente esperando receber as dádivas de que tanto necessitavam.

Mary então tirou a mochila das costas, colocou-a no chão, armou uma mesinha e jogou em cima um foco de luz. Quem não sabe o que é esse foco de luz, ao vê-lo, acha que é uma vela fina, mas não é, como também não é lanterna. É um objeto pequeno e a luz é regulada para não ofuscar a visão; ela a deixou fraca, mas o suficiente para enxergar tudo. A seguir, armou duas cadeiras, uma ao lado da mesa, para si, e outra perto da sua, e pegou dona Zefa e a sentou, pois ela estava deitada no chão. Depois, foi até Eleocácio e sentou-o numa cadeira vazia perto daquela em que Suellen estava sentada. Ele ia jogar-se no chão, mas Mary foi firme com ele.

---

1. Espíritos, quando sabem como plasmar, independentemente de serem bons ou não, assim o fazem e plasmam o que querem. Mas também existem objetos plasmados por aqueles que não têm conhecimento do método e que, ainda assim, conseguem plasmar sem saber como, fazem pela vontade forte. E aquela sala foi plasmada assim, por todos que estavam ali, porque acreditavam que estavam no local do crime (Nota do Autor Espiritual).

– Sente-se e fique!

Ele ficou. Eles estavam do modo como os corpos morreram; haviam ficado ali presos, sem sair do lugar.

Mary compreendeu que ninguém os tinha prendido, sentiam-se assim por eles mesmos, por se acharem culpados.[2]

Mary pegou vários copos com água e deu a cada um. Depois pegou curativos e foi colocando nos ferimentos deles. Como se sentiam mortos na salinha, não se locomoveram, ficaram onde estavam. Também tinham seus ferimentos abertos e conseqüentemente doendo.

Os socorristas usam muitos curativos quando em ajuda pelo umbral. Eles tiram a dor e a sensação de sangramento. E os que Mary havia trazido eram um pouco mais especiais, a sensação de alívio era por mais tempo. E ela só trouxera mais uma troca para cada um. Tinha um tempo para ficar ali e fazer com que quisessem o socorro.

Depois, sempre ligeira, acomodou-os e limpou-os.[3] Eles a olharam agradecidos, mas nada disseram. Quando Mary acabou

2. Vemos muito isso no umbral: Espíritos presos. Alguns estão em lugares de onde não sabem sair; outros poderiam sair, pois não são vigiados nem amarrados. Não saem por sentirem no íntimo ser justo estarem ali. Muitos se autopunem. O que ocorreu com esses sete, que foram assassinados, é que cada um deles sentiu o impacto das balas, passou por uma perturbação, teve o espírito desligado do corpo, foi levado ao umbral e largado num lugar. Ao acordarem, eles sentiram que ainda estavam na salinha, plasmaram-na e ficaram como estavam ao cair. Tanto que o juiz e dona Zefa, que caíram no chão, ficaram ali, e os outros, que desencarnaram sentados, permaneceram como estavam (N.A.E.).

3. O perispírito é cópia fiel do corpo físico. E quase sempre sofredores ficam com a aparência de antes de desencarnar. Roupas são plasmadas. O espírito ao sair do corpo não o faz sem roupa. O vestir está tão condicionado na pessoa que, quando é desligado do corpo, ela já o faz com a roupa plasmada. Embora não seja regra geral, é o que normalmente acontece. Os sofredores ficam vestidos ou como estavam quando seu corpo físico foi enterrado ou como estavam ao desencarnar. Esses sete ficaram com o que estavam ao serem assassinados. Além disso, os sofredores resistem por anos, porque são sustentados pela vontade, pela impressão. Como, para eles, tudo envelhece, suja, sentem-se assim, com roupas velhas e sujas (N.A.E.).

de arrumá-los, colocou sopa nos pratos e deu a cada um com um pão. Comeram em silêncio.[4]

Enquanto eles se alimentavam, Mary colocou em cima da mesa que armou, junto com a pequena lâmpada que tem muitos nomes, mas que vamos denominar purificador de ar, ervas que trouxera para queimar e deixar o ambiente com odor agradável e também melhorar os fluidos ali concentrados. Esperou que acabassem de comer, recolheu os pratos, deixando ao alcance deles o copo com água. Observou-os, pareciam mais aliviados. Falou:

– Bom dia, sou Mary. Por favor, queiram se apresentar.

Suellen foi a primeira a falar.

– Sou Suellen. Obrigada! Ajudou-nos muito com este curativo e alimento.

– Sou o juiz Eleocácio. Não! Só Eleocácio, juiz foi um título que recebi. Obrigado, dona Mary.

– Por favor, podem chamar-me de Mary, quero ser amiga de vocês.

– Amiga? Por quê? Acho que nunca tive uma. Mas agradeço também. Sinto-me melhor. Chamo-me Maria Gorete.

---

4. Para muitas pessoas pode parecer estranho desencarnados se alimentarem; muitos têm indagado como é esse alimento. Alimentam-se no plano espiritual desencarnados que, iludidos, pensam ainda estar encarnados, sentindo todas as necessidades de uma pessoa, como fome, sede, frio, calor e dores. Também necessitam alimentar-se os desencarnados cujos reflexos do corpo estão fortes; são eles os apegados à matéria, os que não queriam ter tido o corpo físico morto. Os espíritos que vão para o umbral sentem essas necessidades. Dos espíritos que assumem sua posição de opositores ao bem, alguns sabem tirar seu sustento da natureza como os bons; os que não sabem costumam vampirizar, sugar os encarnados e os alimentos físicos. Nos postos de socorro e colônias, só os recém-chegados, socorridos que ainda têm esses reflexos, necessitam de alimentos. Depois, são convidados a aprender e, quando o fazem, não precisam mais se alimentar. Esses alimentos são da mesma matéria rarefeita do nosso perispírito e são resultados do trabalho de outros espíritos. Ou são plasmados ou, na maioria, cultivados nas colônias e, após, são preparados com muito carinho por trabalhadores. Veja mais sobre este assunto no livro *Nosso Lar*, cap. 9 (N.A.E.).

– E eu sou Benedito. Deus lhe pague!

– Eu sou Ademir. Muito obrigado!

Mary notou que Ademir só olhava para a janela, e até para poder vê-la mexia apenas os olhos, entendeu que ele não queria olhar para Zefa.

– Eu sou Armando. Temos sofrido muito. Nunca pensei que mortos sofressem assim. Você está sendo muito boa ajudando-nos. Só não entendo o porquê da titia Zefa estar aqui. Não me parece justo.

– E a senhora quem é? – Indagou Mary, olhando para a última, que não se apresentou.

– Sou Josefina, a Zefa. A dona, ou a antiga proprietária do sobrado. Agradeço-lhe. Devo ficar sentada?

– Sim, por favor, a senhora e o Eleocácio devem ficar sentados – respondeu a socorrista.

– Não acha que devemos todos nos chamar pelo nome? Se você pediu para chamá-la de Mary, não me chame de senhora. Mas o que você veio fazer aqui?

– Vim querendo ajudá-los – respondeu Mary.

– Por favor, será que não pode me dar notícias dos meus familiares? Gosto muito deles e às vezes os sinto pensando em mim – pediu Ademir.

– Sim, posso fazê-lo. Aqui tenho estas informações. – Mary abriu sua pasta e leu para ele. – Sua família sentiu muito seu desencarne. Acham que o mataram porque você viu o assassino e que tudo aconteceu por culpa do seu patrão, Armando.

– No que eles estão certos – disse Ademir.

– Não foi, não! Eu não o obriguei a nada. Morreu por sua própria culpa – falou Armando, defendendo-se.

– Não comecem! Larguem de culpar um ao outro – disse Zefa.

– Continue, por favor – pediu Ademir a Mary.

– Sua esposa teve de trabalhar, arrumou um emprego, vestiu-se de preto por luto e o faz até hoje. Nunca pensou em ter outra pessoa. Seus filhos casaram, têm filhos e ela mora com um deles. Vivem bem.

– Eles... meus filhos... são honestos? – Perguntou Ademir.

– São. Trabalham honestamente, dizem seguir o exemplo do pai – respondeu a socorrista.

– Exemplo! – Exclamou Armando, sorrindo.

– Eles não sabem o que fiz – disse Ademir. – Ainda bem. Se são honestos, provavelmente não virão para cá quando o corpo físico morrer. Obrigado, Mary.

– Eu também queria saber de minha família – falou Eleocácio.

– Sua esposa e seus dois filhos sentiram muito o fato de você ter desencarnado junto à amante. Ficaram envergonhados pelos muitos comentários. Mudaram de cidade. Seus filhos estudaram, são formados, casados e têm filhos. Estão bem e preferem não comentar o assunto nem pensar em sua desencarnação. Sua ex-esposa casou-se de novo.

– Minha Iva? Casou-se? Tem outro homem? – Perguntou Eleocácio, indignado.

– Por que esse espanto? – Indagou Suellen. – Você a traía, humilhou-a e queria que ela ficasse esse tempo todo cultivando sua memória?

– Ela era minha esposa, eu pensava que me amasse, estou decepcionado – respondeu Eleocácio. – Iva está feliz com o novo marido?

– Não é novo ou recente – respondeu Mary. – Está há tempo casada. Lembro a vocês que faz anos que estão aqui. Iva desta vez está bem casada, são felizes e seus filhos gostam dele.

Eleocácio suspirou e ficou quieto, e Mary continuou a ler, desta vez para Suellen:

– Sua mãe, Suellen, sentiu seu desencarne. Seus irmãos, embora não lhe desejassem isso, sentiram-se aliviados. Mas sua mãezinha nunca a esqueceu, desencarnou e está no plano espiritual, numa colônia, e tem orado muito por você e pedido seu socorro.

– Mamãe! Não fui boa filha! – Exclamou Suellen, emocionada.

Mary continuou:

– Benedito, você, encarnado, não dava notícias aos seus familiares e eles nem sabem que desencarnou. Quem se lembra de você é seu filho.

– Filho? Teve um filho e não me disse! – Falou resmungando Maria Gorete.

– Às vezes tenho me recordado dele, há tanto tempo não o vejo. Quando encarnado, como ela diz, não o via. Ele nasceu de uma pequena aventura, ficou com a mãe. Mary, você pode me dizer dos meus pais?

– Estão encarnados, velhos e doentes, acham que você está longe e que nem se lembra deles – respondeu Mary. E continuou: – Você, Maria Gorete...

– Já sei, não tenho ninguém que se lembre de mim, pelo menos para ter bons pensamentos – interrompeu Maria Gorete.

– Sinto dizer, mas é isso mesmo – falou Mary.

– Você pode me dizer se alguém achou o dinheiro que escondemos na casa? – perguntou Benedito.

– Sim, acharam. Nico e a esposa, seus empregados.

– Era uma boa quantia – disse Benedito.

– A senhora Zefa deixou muitos amigos, era querida e ainda é lembrada pelo muito que fez às pessoas – leu Mary.

– E meu marido e minha filha? – Perguntou Zefa.

– Seu marido perturbou-se um pouco com a desencarnação, mas agora está bem, mora numa colônia com a filha de vocês, Julieta, e eles têm pedido muito pela senhora. Querem-na com eles.

– Julieta sofreu ao desencarnar? – Perguntou Zefa.

– Não, perdoou e foi socorrida. Foi ela quem ajudou o pai – respondeu Mary.

– E eu? Não tem notícias para mim? – Indagou Armando.

– Sim, tenho. Sua filha, Érica, herdou toda a fortuna de Zefa e cuida bem dela. Está casada e tem filhos. Magali e seus dois filhos passaram por dificuldades quando você desencarnou, ficaram pobres e um dos seus filhos foi preso. Érica os ajudou. Vivem os três juntos e sempre atrapalhados, dando pequenos golpes e fazendo trapaças.

– Não pensam em mim, não é? – Perguntou Armando.

– Infelizmente, não – respondeu Mary. – Vamos continuar conversando. Peço-lhes que falem de si. Que motivos têm para estar aqui, após o corpo físico de vocês ter sido morto? Cada um falando de si, espero poder ajudá-los.

Suspiraram.

Suellen e Eleocácio

— Talvez você tenha razão, Mary, falar nos fará bem – disse Suellen. – Mas gostaria de saber quem nos matou e por quê.

– Eu não sei, mas creio que conversando descobriremos – respondeu a socorrista.

Mary estava sendo sincera, ela não sabia quem cometera esse crime bárbaro nem por quê. No relatório não havia nada escrito sobre isso.

– Não conhecia aquele rapaz que atirou, já me esforcei e não me lembro. Conhecia muitos homens, mas aquele tenho certeza de que não. Motivos para ser assassinada? Creio que havia! Gostaria de saber quem foi e por quê – falou Suellen.

– Isso também tem me intrigado – disse Eleocácio. – Quem nos matou? Por que motivo?

– Fui ameaçado de morte várias vezes. E é incrível que a ameaça se concretizou. Estou curioso para conhecer essas respostas, espero descobrir – expressou Benedito.

– Não fui só má, fiz boas coisas também. Será que isso não conta? – perguntou Suellen. – Lembro que ajudei amigas, fiz favores, emprestei dinheiro.

– Fez esperando algo em troca, não foi? – Indagou Armando.

– Você é chato – respondeu Suellen. – Talvez, mas emprestei.

– Penso que nossas boas ações não foram o suficiente para anular as ruins – disse Zefa.

– Por que será que aqui só pensamos nas más ações? – Perguntou Ademir.

– Porque foi por elas que viemos parar aqui – respondeu Eleocácio.

– São raras as pessoas que, estando encarnadas, só fazem boas ações, como também as que fazem só más – explicou Mary. – Nós, que estamos ainda caminhando para o progresso, sempre temos boas e más ações. Imprudentes são os que deixam as más sobressair e, se têm oportunidade de fazer o bem, não o fazem. Aqueles que desencarnam com muitas boas ações fazem-se merecedores de uma ajuda aqui no plano espiritual. Suellen, você não quer começar a falar? Conte-nos sua história.

– Posso começar – falou Suellen. – Aqui tenho recordado muito, vivo dessas recordações. Nasci numa família normal, de classe média baixa. Todos em casa trabalhavam. Mamãe era religiosa e quando eu era pequena ia à igreja para passear. Tive uma infância cheia de complexos e querendo ter objetos caros. Meus pais sofriam por eu ser diferente. Estava sempre pedindo, queria ter roupas novas e de marca, jóias, freqüentar lugares caros. Resolvi que, para ter o que queria, deveria me casar com alguém de posses financeiras. Comecei a ir atrás de uns garotos ricos e a namorar um deles, um rapaz alegre, desajuizado como eu, e fiquei grávida. Pensei que ele fosse casar comigo, mas o moço não queria nada sério e me levou para fazer um aborto, que não foi o único. Continuei a sair com ele, ia a lugares importantes, ele me dava presentes, comecei a fumar e a beber, com dezesseis anos parecia que tinha mais de vinte.

"Envergonhava meus irmãos e fazia meus pais sofrerem. Não obedecia a ninguém e parei de estudar. Esse meu namorado ia fazer uma viagem, ia para uma cidade no litoral com amigos e me convidou. Aceitei, peguei todas as minhas roupas boas e fugi. Mas deixei uma carta para que eles não fossem à polícia; escrevi explicando que ia embora de casa e que não me procurassem.

"Fui para a praia e não só dormia com meu namorado, mas também com os amigos dele. Ficamos vinte dias na casa dos pais de um deles. Quando eles foram embora, resolvi ficar. Tornei-me uma prostituta. Fiquei grávida de novo e resolvi fazer outro aborto. Procurei quem o praticasse e achei uma enfermeira aposentada. Fiz e, como me tornei amiga dela, aprendi a praticar, ajudando-a.

"Vivi naquela cidade durante quatro anos; nesse tempo escrevi duas cartas à minha mãe dando notícias, e ela me respondia aflita, desesperada, querendo que eu voltasse e mudasse de vida, que fosse honesta e arrumasse um trabalho. Isso eu não queria. Cansada de ficar ali naquela cidade, mudei para uma outra e continuei com a mesma forma de viver.

"Novamente mudei e vim parar aqui, nesta cidade. Bem, não estamos mais na cidade. Onde estamos, Mary?"

– Estamos no espaço do plano espiritual da cidade em que viveram encarnados. Este local é denominado umbral. Uma moradia provisória de espíritos – respondeu a socorrista.

Suellen suspirou e continuou a falar:

– Estava com vinte e sete anos e pensava que ao ficar mais velha não teria como sobreviver da minha profissão, do que fazia, agora acho errado falar assim... Profissão deve ser para quem trabalha. E resolvi praticar abortos. Eu tinha feito mais três abortos, fui fazê-los em lugares diferentes; prestava atenção e me achei apta a praticar. Julgava até que ajudava moças, pois de algumas cobrava mais barato, ou à prestação. Teve uma mocinha que foi estuprada e fiz sem cobrar nada. Por que será que às vezes pensamos que ajudamos as pessoas mas na verdade estamos prejudicando?

– Suellen – respondeu Mary –, você deveria saber no seu íntimo que aborto é algo errado. Priva um espírito de reencarnar, de ter a oportunidade do recomeço. Você infelizmente não ajudou ninguém com seu ato; mas contribuiu para que outros cometessem erros e também errou. O feto desde sua concepção tem vida, é também um espírito.

– É um assassinato, não é? – perguntou Suellen. – Matei seres indefesos. E funcionou comigo a lei de Talião, matei e fui morta.[5] Minha mãe me falava isso: "Suellen, você planta e a colheita chegará; será obrigada a ter de volta o que fez". Mamãe! Tenho saudades dela. Nesse tempo em que estive nessa cidade, escrevi a ela algumas vezes. Agora sinto tanto sua falta. Ela sabia acalentar, abraçava-me, consolando-me, quando eu chorava. Não lhe dei valor, não a respeitei e creio que não merecia seus afagos. Agora eu gosto dela!

Suellen respirou fundo e continuou:

– Conheci Eleocácio e me tornei amante dele, e tudo estava bem entre nós quando fomos assassinados. Eu tenho remorso de ter feito abortos, e de os ter praticado em outras mulheres. Fico pensando... quero voltar e ter outro corpo, viver de novo no plano físico, mas terei oportunidade? Será que minha futura mãe irá me abortar? Sentiria muito se fizesse isso comigo. Agora entendo bem: "Não faça ao outro o que não gostaria que lhe fizessem".

5. Esta era uma conclusão de Suellen, que ainda não tinha compreensão do plano espiritual. Cada caso é um caso e podem-se ter várias reações para a mesma ação (N.A.E.).

Vejo constantemente aqueles fetos, alguns tremendo, para morrer em minhas mãos. Sofro!

Suellen parou e chorou aos soluços. Todos ficaram quietos. Após uns três minutos continuou a falar:

– Por isso acho merecido eu estar aqui. As minhas poucas boas ações foram insuficientes para que me ache digna de uma ajuda.

– Suellen – falou Mary delicadamente –, você já sofreu muito durante esses anos todos aqui. Já é tempo de você aprender a viver com dignidade, a ser útil e a trabalhar ajudando outros que sofrem. Não se desespere! Tenha esperança! Queira o socorro e, o mais importante, peça perdão e perdoe a si mesma.

– Você acha, Mary, que posso ter outra oportunidade? Que isto aqui não é eterno? – Indagou Suellen.

– Não é eterno; isto pelo que passam é temporário. É para isto que estou aqui, para fazê-los compreender e querer mudar para melhor. Todos nós temos oportunidades e você também terá. Suellen, o sofrimento passa ensinando. Você faria o que fez de novo? – Perguntou Mary.

– Se voltasse agora com o que sei, não faria. Mas sem estes conhecimentos não sei. Estou sendo sincera. Sem saber das conseqüências é difícil falar com certeza se faria ou não. Depois de ter sofrido as reações, digo com firmeza que não faria. Sou ruim, não sou?

– Pelo menos não está sendo hipócrita – falou Ademir. – Foi má, não escondeu que era e agora tem a coragem de falar de modo sincero do que fez.

– Hipócrita? Creio que não fui, mas isso não anula o que fiz – disse Suellen.

– A hipocrisia é muito ruim, hipócritas também vêm parar aqui – disse Ademir.

– Quer falar mais alguma coisa, Suellen? – Perguntou Mary.

– Estou muito triste, deprimida, infeliz por estar aqui. Nunca pensei que ficar presa fosse tão ruim. Aqui estou condenada a não sair do lugar, a sentir frio, sede, estou desconfortada e suja. Que bom seria tomar um banho e não só lavar as sujeiras do meu corpo, mas também as de dentro de mim. Corpo? Como é que eu, estando morta, sinto ter corpo?

– Nosso espírito ao desencarnar está revestido de um corpo que ainda é matéria, só que rarefeita, invisível aos olhos carnais. Chama-se perispírito. E quando desencarnamos e não temos compreensão de como viver com o perispírito, sentimos as necessidades do corpo físico, e alguns se iludem tanto que se acham ainda encarnados – explicou Mary.

– É como nos sentimos! – expressou Suellen. – Não gosto de viver aqui, é muita tristeza. Quando fazemos algo errado, não pensamos que podemos vir para um lugar assim. Foi... está sendo grande meu castigo!

– Lembro a você, Suellen, que não há castigo, como diz – explicou Mary. – Somos atraídos para lugares que fizemos por merecer. Ao errar nos desarmonizamos, e é preciso harmonizarmo-nos, e sempre temos oportunidade de fazê-lo pelo amor, trabalhando para o bem de nós mesmos e para o próximo, mudando a forma de viver e sendo bons. Mas quando recusamos essas oportunidades, a dor vem nos ensinar. Pelo próprio bem de vocês, é necessário harmonizarem-se com as Leis Divinas.

Eleocácio prestou muita atenção no relato de sua ex-amante. Mary o incentivou:

– E você, Eleocácio, não quer falar também?

– Estou pensando: fui hipócrita! Fingia ser uma pessoa e era outra bem diferente. Dava uma de honrado, de sujeito impecável, que estava ali para castigar bandidos, e agi escondido como um. Vou falar de mim.

"Também tenho sofrido aqui. Eu sempre fui exigente, queria que minha roupa estivesse sempre bem lavada e passada. Estava sempre barbeado, limpo, exigia hora certa para tudo. Aqui creio que aprendi a não ser tão exigente! Acho que não serei mais. Fiquei no chão, sujo, alimentando-me só quando o socorrista vinha aqui, e aprendi a ser grato por esse pouco que recebo. Estar sujo me incomoda, este sangue escorrendo do ferimento me causa nojo e dor. Como tudo acaba! Mandava e era obedecido. Poderia ter usufruído de tudo sem precisar magoar ninguém. Sinto falta até do cafezinho quente que a servente do fórum me servia e pelo qual eu nunca lembro de ter dito 'obrigado' a ela. Dores, saudades, tristezas, nunca pensei em sentir isso ao morrer. Morte? Enganosa ela é! Eu era um juiz importante e terminei assim. Importante? Que ilusão! Aqui, desencarnado, não tenho nada disso.

"Nasci numa família honrada, ou que dava valor a isso, mas, pensando bem, sempre tinha quem fizesse algo errado e bem escondido, como se fosse possível esconder de nós mesmos nossos erros.

"Fui orgulhoso, arrogante, e meus pais me incentivaram a ser assim. Sempre fui ótimo aluno, estudava muito e queria ser juiz. Formei-me com louvor, pus-me a trabalhar e continuei a estudar. Conheci Iva e achei que ela seria boa esposa, era também advogada e educada. Casei e vieram os dois filhos.

"Prestei concurso para ser juiz, passei e foi uma enorme alegria ter me tornado um, senti-me realizado.

"Trabalhava muito, achando que resolvia tudo do melhor modo possível, achando-me infalível.

"Embora amasse Iva do meu modo e estivesse satisfeito com a família, comecei a ter amantes e até me apaixonava por elas. Com isso passei a ter gastos extras e, para suprir essas necessidades, comecei a fazer pequenos favores que eram cobrados.

"Lembro-me do primeiro, foi de um julgamento de um moço que assassinou outro numa briga. O pai do que morreu me procurou e me ofereceu uma soma em dinheiro para que o condenasse a muitos anos. Foi o que fiz. Afinal ele era um assassino. Fui implacável. Só que os dois rapazes lutavam e qualquer um deles podia ter morrido. Deixei o assassino arrasado. E foram surgindo casos e eu, dando o parecer para quem me desse dinheiro. No começo, só condenava os culpados, mas depois..."

Eleocácio deu uma parada, suspirou e continuou:

– Um dia, fui procurado por um senhor que após se apresentar foi direto ao assunto.

"'Senhor juiz, venho aqui porque será o senhor quem julgará meu sobrinho. Ofereço-lhe uma boa quantia... para que o solte'.

"'Mas ele é culpado e eu não solto bandidos', respondi orgulhoso.

"'Não? Quem é bandido para o senhor? Quem recebe dinheiro para mudar sentenças é honesto? Desculpe-me, mas tenho provas de que o senhor fez isso. Quer ver?'

"Mostrou documentos, fotos em que eu recebia dinheiro. Senti-me mal. Mas ele, implacável, continuou:

"'Isso não tem importância, cada um ganha a vida como quer. Vamos começar de novo. O senhor aceita esta quantia para dar o resultado favorável ao meu sobrinho. Senão isso tudo irá para as manchetes de jornais'.

"Foi então que percebi o tanto que havia errado e que estava nas mãos de bandidos. Fiz o que eles pediram. Fui criticado, tentei defender-me, dizendo que não tinha provas contra o réu etc. Esse moço, traficante de drogas, foi solto.

"Houve também uma vez em que um moço foi preso por assassinato, ele dizia ser inocente, mas havia muitas provas, testemunhas contra ele. Fui procurado por um advogado que defendia bandidos e que me ofereceu dinheiro para condená-lo. Aí tive certeza de que ele era inocente e mesmo assim o condenei. Não esqueço o olhar daquele moço... ele me olhou tão sentido, tão magoado, que não gosto de lembrar, mas estou sempre recordando.

"Pedi transferência e vim para esta cidade. E logo que mudei conheci Suellen, que estava numa encrenca. Apaixonei-me por ela, livrei-a da cadeia. Tentei ser honesto, mas gastava demais com ela e voltei a cometer atrocidades fingindo ser bom e honesto.

"Também tinha motivos para ser assassinado, mas não sei quem foi. Se mandei alguém inocente para a prisão e se soltei culpados, são fatos de que me arrependo, e aqui estou, preso, sem as mínimas condições humanas. Preso por causa dos inocentes e no lugar dos culpados.

"Não acreditava em nada quando estava no corpo físico. Ironia! Era um ateu convicto. Achava que o corpo carnal morria e tudo acabava, que Deus não existia. Se existisse, Ele ia me provar. Como se eu fosse tão importante, como se Deus, meu Criador, necessitasse me provar algo. Minha família dizia ter determinada religião, isso por *status*, porque ninguém seguia, até eu, dependendo da pessoa, dizia que também seguia. Esperava que meus filhos ficassem mais adultos para explicar minha teoria: que Deus não existia. Porque eu, instruído, achava que a religião era ópio, vício do povo, a distração que os mais inteligentes inventaram para a multidão não se revoltar. Via muitas injustiças e maldades, eu mesmo as fiz, e se Ele, Deus, existisse, certamente não as permitiria. Se Ele não é bom, não é Deus e, assim, Ele era uma invenção. Como era ignorante! Poderia ter procurado e ter entendido o que é Deus, este fabuloso Criador, este Pai Amoroso. Lembro que uma vez no fórum encontrei um colega lendo um livro religioso no seu horário de almoço, indaguei-o, rindo:

"'Você acredita nisso?'

"'Sim, acredito. Este livro nos ensina a crer raciocinando'.

"'Pois eu não creio! Prove para mim que isso é verdade, que Deus existe!' – exclamei, orgulhoso, não querendo que ele provasse, mas, sim, colocar minhas idéias.

"'Senhor juiz, é difícil provar algo a alguém que não quer mudar a forma de pensar. E tudo o que lhe disser agora o senhor terá como rebater. Creio que, quando morrer e não acabar, seu espírito continuar vivo, voltará a pensar sobre isso de outra forma, a de necessitado' – disse ele.

"'Terei de esperar até morrer para ver!' – exclamei, rindo.

"'Todos nós iremos um dia ter o corpo físico morto, senhor juiz, seu dia chegará' – respondeu ele tranqüilamente.

"E agora aqui, nestes anos, tenho pensado muito, meu corpo carnal morreu, continuei a viver, Deus também existe. Não era Ele que precisava me provar, era eu que necessitava encontrá-Lo. Acho agora que quem é ateu ou não procurou entender nosso Pai Maior ou é orgulhoso demais para vê-Lo na natureza, no próximo e nele mesmo. E aquele companheiro de trabalho do fórum tinha razão, nada que ele me falasse, me provasse, me faria acreditar. E o ateu leva um susto com a continuação da vida após a morte. Agora creio em Deus, e me envergonho de ter sido ateu!"

– Eleocácio – disse Mary –, as injustiças são explicadas pela Lei da Reencarnação. Recebemos as reações de nossas ações, quando agimos com maldade. Nada é injusto!

– Tenho medo disso, embora aqui tenha tido o retorno. E como é ruim recebê-lo!

Eleocácio se calou; todos haviam escutado atentos. Após alguns segundos de silêncio, Zefa falou:

– Vocês dois não se lembram de Vanilda? Não se recorda dela, Suellen? Era uma moça bonita, você deve tê-la conhecido.

– Vanilda? – Repetiu Suellen suspirando. – Como sabe dela?

– É fácil saber – respondeu Eleocácio. – Você, Suellen, sempre resmunga esse nome.

– Sim, era minha conhecida. É outra de que não gosto de recordar. Vanilda era uma jovem bonita que, além de trabalhar em um escritório, fazia programas com homens, vendia seu corpo, para ter melhor renda, e a sua família desconhecia esse fato, acreditava que ela ganhava bem. Uma amiga dela, Lili, que também agia assim, ficou grávida e Vanilda me procurou para que lhe fizesse um aborto. Fui à casa de Lili e Vanilda estava lá. Fiz com que ela abortasse, mas algo saiu errado, não sei bem o que foi, e Lili morreu. Para não ser presa, pus a culpa em Vanilda. Eleocácio me ajudou e ela foi presa.

– Deixou que alguém fosse acusado em seu lugar... Que horror! – falou Ademir.

– Eleocácio me prometeu que ia ajudá-la e que ela não ficaria muito tempo presa – disse Suellen.

– E aí, o que aconteceu com essa moça? – Perguntou Maria Gorete.

– Não sei como ou por que ela morreu na prisão – respondeu Suellen.

– Ela tinha família? Alguém que sofreu por ela? – Indagou Zefa.

– Não sei, devia ter, ela me falou certa vez dos pais, da mãe, que amava muito – respondeu Suellen.

– Vocês devem estar aqui por isso também – falou Benedito. – Um acusou; o outro, sabendo-a inocente, deixou-a na prisão. Bela dupla!

– Você também não deve ser inocente. Será que não fez nada de errado? – Indagou Suellen.

– Não sou inocente e não estou julgando, foi só um comentário, desculpem-me – falou Benedito.

– A morte dessa garota me amargura – disse Eleocácio. – Ela não era bandida e não soube lidar com a podridão que encontrou na prisão. Foi morta, assassinada, e eu me sinto culpado. Eu só aguardava um tempo para soltá-la, e ia realmente fazer isso, só que não deu tempo, ela morreu antes. Cometi muitos erros e acho justo estar aqui.

– E de Lauro, você se lembra? – Perguntou Ademir.

– Lauro? Por que pergunta isso? – Indagou Eleocácio, preocupado.

– Conheci a família dele, até ajudamos seus pais já velhos com alimentos e roupas. Foi um inocente que você mandou para a prisão. Os pais dele lhe rogaram pragas e o amaldiçoaram. E eles tinham outro filho, que o odiava por ter feito essa injustiça com o irmão. Ele pode ter mandado matá-lo – respondeu Ademir.

– Lembro-me de Lauro, mas queria esquecer. É verdade, mandei-o para a prisão, inocente, no lugar de um bandido que me pagou.

Lágrimas abundantes escorreram pelo rosto do ex-juiz. Fez-se um silêncio e Mary pensou que aquela quietude era assustadora. Orou pedindo ajuda, teve medo de não saber como lidar com eles. E recebeu pensamentos de incentivo de Alfredo:

"Mary, você está indo bem! Eles anseiam por falar, desabafar, escute-os, saberá aconselhá-los, orientá-los."

"Mas eles estão falando de seus erros, fatos íntimos. Será que devo escutá-los?", indagou em pensamento.

"Sim, minha querida, escute-os. São erros que os incomodam, melhorarão ao falar e por ter quem os ouça, e faça-o com carinho."

Sabendo que receberia auxílio de Alfredo, ficou mais tranqüila.

Benedito e Maria Gorete

Mary achou-os lúcidos e lembrou que Alfredo lhe tinha dito: "Com sua presença, com as ervas que queimará e com os curativos que lhes tirarão a dor, eles ficarão menos perturbados para que possam conversar. Apesar de que no momento eles não estão mais tão confusos".

"Isso não é bom?", indagara a socorrista.

"Sofrem mais no umbral os que estão em pleno gozo de suas faculdades mentais. Tendo o entendimento de tudo por que passam, sentem mais."

– É melhor continuarmos conversando – falou Mary.

– Também acho e, se ninguém tiver nada contra, vou falar de mim – disse Benedito.

Todos, concordando, olharam para ele, que continuou a falar:

– Fui uma criança levada e briguenta, éramos pobres, mas, comparando-nos a outros moradores do local, éramos considerados pessoas de posses, pois tínhamos sítio, casa e animais. Minha mãe era religiosa, mas daquelas supersticiosas, que estava sempre dizendo: isso não se pode fazer, aquilo também não, só que não explicava o porquê. Não tive religião, achava que era algo chato que proibia tudo o que era prazeroso. Acreditava em Deus e até rezava nas horas de aperto, mas nunca freqüentei uma igreja.

"Sempre fui muito trabalhador, gostava de atividades, não ficava quieto, era bom empregado, sempre tive emprego. É isso que mais me incomoda aqui, ficar sem fazer nada. Isso é o verdadeiro inferno, ficar ocioso. Como é ruim passar horas, dias, semanas, meses e anos aqui sentado, com dores e sem fazer nada. Quando encarnado me falavam que as pessoas morriam e descansavam; não me conformava e pensava: morrer deve ser ruim. E aqui estou, morto, mais vivo que antes, sem fazer nada, só pensando e maldizendo as coisas erradas que fiz. Como isso é horroroso! Cruel! Embora reconheça que eu é que fui cruel! E a lei do retorno! Estou cansadíssimo de não fazer nada! Até sonho que estou trabalhando. Queria fazer qualquer coisa, qualquer trabalho. Carpir com a enxada seria um prêmio.

"Mas vou voltar à minha história. Era muito jovem quando me envolvi com uma moça e ela engravidou. Não quis casar com ela e nasceu um menino, mas eu cuidei dele, dava a ela dinheiro todo mês. O garoto crescia forte e bonito.

"Num baile briguei com outro jovem, foi por besteira, por causa de uma moça, poderia ter parado por aí, mas não, onde nos encontrávamos brigávamos. Fiquei sabendo que ele queria me matar e passei a sair armado com um punhal afiado.

"Numa tarde, após um jogo de futebol, começamos a discutir e ele me desafiou para que o esperasse após todos terem ido embora, para uma briga na qual não houvesse ninguém para nos separar. Fiquei. Brigamos entre as árvores do caminho, após uns socos, peguei o punhal e o matei, só que ele não estava armado. Temendo represálias de amigos e parentes dele, corri em casa, peguei alguns pertences, despedi-me dos meus pais, deixei minha mãe chorando e parti. Foi a última vez que os vi. Montei num cavalo e segui por uma trilha até uma outra cidade, onde tínhamos um conhecido. Deixei o cavalo com ele para que devolvesse aos meus pais, peguei um trem, fui para uma cidade grande e, depois, para longe de lá. Foram poucas as vezes que escrevi cartas aos meus pais, e recebi poucas notícias. Fiquei sabendo que os parentes do moço morto me procuraram e depois desistiram, e que meu filho estava crescido. Depois parei de dar notícias e não soube mais deles. Não ajudei mais meu filho. Agora gosto dele, mas antes, encarnado, não ligava, era-me indiferente.

"Por duas vezes fui preso, uma por vadiagem e a outra por estar bêbado e ter brigado num bar. Na confusão quebramos tudo. Na prisão levei uma surra que me deixou com muito ódio da polícia.

"Lá vi muitas tristezas, abusos, às vezes se tem mais medo dos companheiros de cela que da polícia. É um lugar muito ruim, triste, onde se têm muitas saudades, arrependimentos e onde se fazem muitos planos de vingança, mas também de mudar de vida, ser honesto. Fico pensando que uma prisão de encarnados não difere muito daqui do umbral. Só que lá eu tomava banho, via o sol e me alimentava.

"Acabei saindo da prisão e resolvi parar de arrumar encrenca, não brigar mais. Encantei-me com uma garota, era uma prostituta muito jovem, menor de idade. Ela também me queria, só que estava ligada a uma casa onde um homem tomava conta dela e de outras. Ele ganhava dinheiro sendo empresário, como ele dizia, das meninas. Ele me advertiu para me afastar dali, da garota, mas, apaixonado, não o fiz. Ele mandou dois homens me surrarem; foi uma boa briga e fiquei todo machucado. Por vingança, fui até uma cidade maior e o denunciei. Esse empresário foi preso; as garotas, soltas e, com medo dele, fui para longe. Foi nesse tempo que encontrei Maria Gorete e nos apaixonamos. Ela tinha sido prostituta e gostava de viver com luxo e eu também. Então tivemos a idéia de abrir um prostíbulo. E para ganhar mais e pagar menos às meninas, nós as enganávamos e depois as obrigávamos a fazer o que queríamos. Foram poucas as que aceitaram ficar conosco. Tivemos um bom lucro.

"Precisamos mudar de cidade algumas vezes e nos últimos tempos estávamos bem acomodados e com umas garotas bonitas. Pagava a uns policiais para não ser importunado, nisso ia boa parte dos nossos lucros, mas fazia parte do jogo."

– Que horror! – Exclamou Suellen. – Fui uma prostituta, mas porque eu quis. Obrigar alguém a ser é terrível!

– Sei disso! – Respondeu Benedito. – Pois não é justo que esteja aqui neste castigo? Lembro sempre do rosto das meninas, umas sofridas, outras me pedindo para ir embora. Vigiava-as, impedindo que fugissem, ou as enganava dando-lhes luxo, roupas caras, e faturava alto. Não são nada agradáveis essas lembranças. Obrigar alguém a fazer algo é a pior coisa que um ser humano pode impor a outro. Por Deus do Céu, não faria nada disso de novo!

"Cometi tantas coisas erradas e quando fui fazer algo simples, inocente, fui morto."

– O que você, um ser tão desprezível, estava procurando na casa de minha tia? – Perguntou Armando.

– Vou fingir que não ouvi sua ofensa – respondeu Benedito. – Fui lá por causa dos selos. Sempre gostei de selos e os colecionava. Arrependo-me de ter ido, deveria ter escutado Maria Gorete, que me disse naquele dia estar com uma intuição de que algo ruim ia acontecer.

– E você nem me deu atenção – falou Maria Gorete.

– Pensei que, se algo fosse acontecer, seria à noite no bar, até tinha tomado algumas providências: alertei os empregados, conversei com as meninas, dei-lhes dinheiro para agradá-las – disse Benedito.

– E você sabe quem nos matou? – Perguntou Ademir.

– Não! Não conhecia o moço, mas parece ter sido alguém mandado, assassino de aluguel, profissional. Mas não tenho certeza – respondeu Benedito.

– Deve ter sido alguém que, querendo matá-lo, o fez e sobrou para nós – comentou Armando.

– Não acho! – Exclamou Benedito. – Lembro a você que o assassino buscou o juiz com a amante no interior da casa e os trouxe para a sala. Reuniu todos e nos matou. Depois permanecemos os sete aqui neste local e isso deixa claro que não há inocentes entre nós, senão teriam, ao desencarnar, ido para outro lugar. Ninguém sabia que íamos lá naquela tarde.

– Mas eu achei que estávamos sendo seguidos – interrompeu Maria Gorete.

– Bobagem sua – respondeu Benedito. – Tinha observado bem e não vi nada. Depois, se quisessem só matar a mim ou a Maria Gorete, era bem mais fácil fazê-lo no nosso bar ou em nossa casa. Acho que morri de bobeira, porque estava lá na hora errada.

– Mas não foi inocente! – Exclamou Suellen.

– Não! E tinha motivos para ser morto. Sou um assassino! Minha história não tem nada de bom para me orgulhar!

Quando ele terminou de falar, Maria Gorete disse:

– Estou com vontade de falar, acho que ao fazê-lo tirarei um peso de mim. Nunca matei! Não abortei, porque não fiquei grávida! Mas tirei sonhos de jovens, matei seus anseios, tirei anos de vida delas, fazendo-as viver de forma que nós ganhássemos dinheiro. É horrível isso! Também penso a todo instante nos atos errados que fiz. Arrependo-me; se voltasse atrás não os faria. Mas também sofri. É... minha vida não foi fácil.

"Desde pequena tinha intuições; em casa todos se acostumaram com isso. Dizia: 'Tal pessoa vai chegar', e não dava outra; 'Vamos receber uma carta', e ela vinha, embora onde morássemos não tivesse nada de interessante nem acontecesse nada de muito diferente. Nunca liguei para isso que sentia, nem procurei saber por que tinha essas intuições, só que, quando achava que ia acontecer algo de mau, tomava algumas precauções.

"Era a segunda filha de muitos irmãos, oito. Meu pai era um bruto. Odiei-o por muito tempo. Minha mãe era fraca, uma coitada que fazia tudo o que ele queria. Vivíamos miseravelmente. Mas meus pais se amavam, queriam bem um ao outro; embora tivessem muitas dificuldades, eram unidos. Morávamos num casebre de um cômodo; era tudo junto, cozinha e quarto.

"Meu irmão mais velho, pequeno ainda, foi ajudar meu pai trabalhando na terra. Mas ali a terra era improdutiva, clima seco, não dava nada. Um dia, meu pai me surrou só porque pedi para comer um frango. Creio agora que foi de desespero, não tinha e não queria que pedíssemos.

"Estava com treze anos quando minha mãe ficou doente, meu pai a levou ao médico que atendia de graça, mas não tinha dinheiro para comprar os remédios e ela tinha algo grave, se não tratasse poderia morrer. Ele me chamou:

"'Maria Gorete, vou levá-la para a estrada para que deite com um homem, para ter dinheiro e salvar sua mãe'.

"'Não quero!' – respondi.

"'Não tem escolha, já decidi. Como é a primeira vez, alguém deverá me dar um bom dinheiro por você. Vamos, obedeça-me, senão vai apanhar e irá do mesmo modo. E por nada deverá chorar, entendeu? Se você chorar, achar ruim, a surrarei tanto que ficará uma semana de molho na salmoura' – meu pai falou, autoritário.

"Era tão inocente, quase analfabeta, só tive dois anos de escola, pensei que ia realmente deitar, dormir ao lado de um homem, um desconhecido.

"Fomos para a estrada. Era uma rodovia em que trafegavam caminhões de transporte de cargas, morávamos perto, uns três quilômetros dali, e íamos a pé. À noite os caminhoneiros costumavam parar num pequeno bar para pernoitar. Meu pai negociou com um deles. Um homem gordo, feio e velho, e fui para o caminhão com ele. Foi terrível! Senti dor, nojo, medo, fui estuprada com o consentimento do meu pai. Queria morrer e teria matado aquele homem se tivesse como. Arrasada, machucada, fui para casa com meu pai e ele teve o dinheiro para comprar os remédios.

"E ele passou a me levar sempre à estrada. Para que eu não ficasse grávida, ele pagou para uma mulher colocar algo dentro de mim e nunca engravidei. Era uma benzedeira, feiticeira, como a chamávamos. Ela colocava ervas dentro do útero, diziam ser venenosas, todo mês ela fazia isso. Creio que queimava as paredes do útero, pois uma vez um médico, anos depois, ao me examinar, disse que meu útero parecia ter sido queimado. Essa mulher, para que eu não sentisse dores, me dava uma beberagem, era desse jeito que ela se referia a um chá, mas mesmo assim doía muito.

"Meu pai foi me vendendo e melhoramos de vida um pouquinho, já não passávamos tanta fome. Eu era graciosa, bem-feita de corpo, mas muito maltratada. Achava ruim ter de ir para a estrada, mas ia, com medo de meu pai e de suas ameaças.

"Minha irmã mais nova que eu dois anos ficou apaixonada e temia que meu pai a levasse para a estrada. Sabíamos que ele planejava fazer isso. Os dois, ela e o namorado, resolveram fugir e eu os ajudei. É a única boa ação que lembro que fiz. Escondido do meu pai, ajuntei um dinheiro e dei a eles, que foram para longe. Quando meu pai descobriu que eles tinham fugido e que eu os tinha ajudado, levei uma surra que me marcou toda e nem pude ir para a estrada, fiquei dias em casa. Minha mãe cuidou de mim; embora ela me quisesse bem, achava certo o que meu pai fazia e que eu devia obedecê-lo. E que ele fazia o melhor para nós no momento. Eu nunca mais soube deles, da minha irmã e do namorado.

"Decidi fugir também e planejei tudo muito bem. Meu pai me revistava quando íamos embora e eu não conseguia mais esconder dinheiro. Um dia deu certo. Havia mais caminhões parados, entrei em um, fiz o programa, tive relações sexuais com o motorista, que me pareceu simpático, e pedi a ele:

"'O senhor me levaria embora daqui? Meus pais me venderam para aquele velho que me traz aqui e me obriga a fazer isso. Quero me livrar dele e voltar para minha família'.

"Menti, porque, se dissesse que era meu pai, o motorista não ia querer me levar.

"'Para onde quer ir?' – indagou ele.

"'Para qualquer lugar, desde que seja longe daqui, depois dou um jeito de ir para casa' – respondi.

"'Está bem, levo você. Mas como fará para fugir?'

"'Vou descer e fingir entrar em outro caminhão. Venho escondido para cá e partimos'.

"'Tudo bem' – concordou ele.

"E assim fiz e deu certo. Ao sair do caminhão fiz sinal para meu pai que ia entrar em outro, ele concordou; fiz que entrei e, agachada, voltei e fiquei escondida. O motorista, que não ia pernoitar ali, ligou o caminhão e partiu. Senti-me aliviada, mas estava só com a roupa do corpo e sem dinheiro.

"Calculei que, como eu demorava, meu pai iria ver o que havia acontecido, pois tinha de voltar para casa, não me encontraria e pensaria que eu tinha ido embora com o motorista do caminhão que partiu. Mas não tinha como ir atrás de mim, deve ter ficado furioso, pois perdera a fonte de renda.

"Não senti medo, rodamos muito e o motorista parou em outro lugar para dormir. Ele me deu alimentos e eu tive relações sexuais com ele em troca. Andamos por três dias.

"'Agora, Maria Gorete, você fica aqui, esta cidade é grande e arrumará o que fazer. Estou perto de casa e não posso levá-la mais. Sou casado e tenho filhos'.

"'Obrigada!' – respondi. – 'Você me ajudou muito!'

"Nunca tinha visto uma cidade, estranhei e andei como boba, estava com fome, parei e pensei: 'Vou arrumar trabalho!'

"E passei a bater nas portas das casas, mas havia dificuldades, teria de dormir no emprego, não tinha roupas e inventei uma história:

"'Estava viajando e dormi, quando acordei tinham me roubado a mala. Saí para arrumar emprego porque passávamos fome onde estava, quero trabalhar para mandar dinheiro para meus pais'.

"Após muito procurar, uma senhora me aceitou."

– Puxa, Maria Gorete, que vida difícil a sua! Você sofreu bastante! – Exclamou Suellen.

– Essa tal reencarnação, pela qual temos muitos corpos para viver na Terra, deve ser verdade. Tudo isso que sofreu deve ter sido reação de suas ações anteriores. Só não entendo o porquê de você estar aqui – falou Ademir.

– Pois logo entenderá – disse Maria Gorete. – Vou continuar a narrar. Essa mulher deixou que tomasse banho e me deu roupa e comida. Fui dormir num quartinho do fundo, que era simples, mas limpo. Ela mandou que fosse descansar para começar a trabalhar no dia seguinte. Sabia fazer de tudo, mas na minha casa, que tinha chão de terra, fogão de tijolos, lavava roupa no riacho ou buscava água no poço.

"'Você não sabe fazer nada!' – disse a senhora.

"'Eu aprendo, quero aprender, minha casa era diferente. A senhora não pode me ensinar?'

"'Posso, mas não vou lhe pagar nada até que aprenda'.

"Concordei, ter onde dormir e alimentos já estava bom.

"E por três meses fiquei ali trabalhando, a senhora era dura, mal-educada, severa, eu trabalhava muito e estava sempre cansada. Aprendi a fazer tudo, mas ela achava que não estava bom e não me pagava.

"Um dia, o filho dela, que morava em outra cidade, chegou e se engraçou comigo. À noite entrou no meu quarto, estuprou-me e ainda ironizou:

"'Ora, você nem era virgem!'

"No outro dia, com receio de que eu fosse comentar com a mãe dele, adiantou-se e falou a ela que eu o convidara para dormir comigo. Minha patroa acreditou no filho e me mandou embora, deixando que eu levasse só as roupas que ela havia me dado.

"Saí procurando outro emprego, mas não encontrei, dormi na rua, tive muito medo. Estava faminta e não sabia o que fazer. Então uma moça muito enfeitada aproximou-se de mim:

"'O que uma moça tão bonita está fazendo aqui, sozinha e tão triste?'"

Maria Gorete suspirou e deu uma paradinha na sua narrativa para tomar água, e Mary pensou: "Seria difícil acreditar que Maria Gorete foi uma moça bonita se eu não estivesse acostumada a ver sofredores no umbral. São na maioria feios, porque estão desarmonizados, normalmente estão sujos, feridos ou doentes. Aqueles sete estavam ali quase irreconhecíveis, pálidos, com expressões sofridas e tristes, eram uma sombra do que tinham sido. Porém, sei que eles foram elegantes, que se vestiam bem, que eram arrumados. Como tudo acaba, infelizes dos que se orgulham do físico, daquilo que é ilusório, pois tudo passa, acaba; só o que é real, verdadeiro, fica. Eis uma boa lição para os orgulhosos: cultuar nomes, posições, é imprudência, pois eles passam e às vezes muito rápido. E quem não fez por merecer um socorro, ir para uma colônia ou um posto de auxílio, com certeza, após a morte do corpo carnal, fato que ocorre para todos, vem parar no umbral. E como é triste viver aqui, parece não ter fim, embora se saiba que é passageiro. E o socorro parece ser demorado, porque essa ajuda é realizada quando o indivíduo muda, ou quer mudar de forma sincera, para melhor".

Maria Gorete continuou sua narrativa, e a socorrista prestou atenção.

– Contei a essa moça a verdade.

"'Venha comigo!' – convidou ela. – 'Está vendo minhas roupas? Gostou? Pois pode ter iguais e não trabalhar. Sou prostituta. Faço por gosto o que seu pai a obrigava a fazer. Ganho bem e você poderá ganhar também. É jovem, bonita e tem experiência'.

"Embora não quisesse ser prostituta, fui com ela, estava cansada, desiludida e muito sozinha. O dono do prostíbulo me aceitou e me tornei uma de suas garotas. Comecei a comprar roupas vistosas, não passei mais privações. Só que me tornei revoltada, não fiz amizade, conversava pouco, aprendi a ser cínica e tirar vantagens. E nunca ajudei ninguém nem com um copo d'água.

"Nunca gostei de ser o que era. E quando encontrei Benedito vi uma possibilidade de deixar aquela vida e o fiz. Só que, acostumada a ter tudo, ao luxo, não queria viver modestamente, nem ele. Então tive a idéia de ter um prostíbulo. Sim, porque conhecia bem como funcionava; eram eles, os donos, que ganhavam dinheiro; cobravam por tudo, aluguel caro dos quartos, para ter comida pronta, roupa lavada e passada e tinha-se de beber e fazer os fregueses gastarem nos bares.

"Com tudo planejado, montamos um, mas para termos garotas começamos a enganar. Oferecíamos empregos vantajosos e fazíamos com que elas ficassem nos devendo dinheiro; assim, as mantínhamos presas e vigiadas. Eu buscava meninas nas estradas e as obrigava a ter uma vida promíscua. Ensinava-as a evitar gravidez, mas quando uma delas ficava grávida, logo que começava a aparecer a barriga, mandava-a embora."

– Não tinha dó delas? – Indagou Suellen.

– Era revoltada. Pensava: se passei por tudo aquilo, por que elas não podiam passar também? Não tive dó! Eu sofri e deveria ter ajudado outras a não sofrer, mas não... tinha prazer em ver mocinhas chorando e sofrendo. Fui má! Muito má! Uma vez compramos uma garota com nove anos, deixei-a com os caseiros, trabalhava como empregada. Quando ficou mocinha, eu a leiloei, só que ela sabia o que ia ocorrer. Essa garota ficou um tempo conosco, depois acabou fugindo. E para que elas obedecessem e não fugissem eu as surrava ou as deixava sem alimentos.

– Que coisa! Não aprendeu nada. Seu pai fez isso com você, que sofreu, e quando pôde fez a mesma coisa com outras garotas – disse Eleocácio.

– Acho que errei mais por isso! – Exclamou Maria Gorete. – As garotas sofreram com minhas maldades. Às vezes, Benedito tinha dó de uma delas e queria ajudá-la, mas eu não deixava, até brigávamos. E para fazer tudo isso, ter a casa em funcionamento, pagávamos a policiais.

– Não teve vergonha de fazer isso com as meninas? – Indagou Ademir.

– Não tive, às vezes justificava, colocando a culpa nelas, dizia: "Quem mandou ir atrás de facilidades?" Agora tenho, e muito, arrependimento. Acho que qualquer uma das meninas que enganei, que obriguei, poderia ter me matado. Mas não vejo como e por que teriam feito isso no sobrado e junto de vocês.

– Benedito, você não se recorda de Isabel? – Perguntou Eleocácio. – Aquela bem que poderia ter mandado matar vocês e a mim.

– Sim, Isabel me denunciou e eu a acusei de ladra. Você, meu caro juiz, recebeu dinheiro do meu advogado para me dar razão. Só que Isabel não foi presa, teve de sair da cidade e o fez com muito ódio.

– Mas ela não fez nada disso – falou Maria Gorete. – Depois soubemos que Isabel morreu, desencarnou tempos depois, por causa de um aborto malfeito.

– Maria Gorete e Benedito, vocês se lembram de Lúcia? Uma garota que esteve com vocês? – Perguntou Zefa.

– Lúcia! Claro que eu lembro! – Exclamou Benedito. – Foi uma garota que veio ter conosco enganada, pensou que ia ter um emprego e que ia ganhar muito dinheiro. Morava na cidade, mas mentiu aos pais dizendo que havia arrumado uma colocação em outra cidade. Era rebelde e Maria Gorete teve de lhe dar uma lição.

– É verdade – falou Maria Gorete. – Lúcia não aceitou a vida que levava, quis fugir e ficou de castigo, aí teve a infeliz idéia de colocar fogo no quarto. Apagamos o incêndio, mas tivemos um grande prejuízo. Mandei surrá-la, só que Célio exagerou e ela bateu com a cabeça e ficou em estado grave. Com medo de que morresse, nós a levamos de madrugada para a porta do hospital e lá a deixamos.

– Soubemos que ela não se recuperou – falou Benedito. – Ficou deficiente, débil mental, os pais a buscaram no hospital, só que eles souberam de nós, que a filha esteve conosco, e começaram a nos ameaçar. Um dia, quando saíram de casa, fui lá com os empregados e quase destruímos tudo. Então ficaram com medo e pararam de nos amolar. Penso às vezes em Lúcia e gostaria de saber como ela está, se sarou.

– Sente remorso pelo que fez a essa garota? – Perguntou Zefa.

– Sinto muito remorso de tudo que fiz de errado – respondeu Benedito.

– Eu também sinto – falou Maria Gorete. – Podia até ter tido o prostíbulo, seria errado, mas não me daria tanto remorso. O que me dói é ter feito tudo isso com aquelas mocinhas. Enganei-as, obrigando-as a fazer tudo aquilo. Isso dói muito! Às vezes a figura de Lúcia vem à minha mente toda machucada, com os olhos parados e abobados. Acho merecido estar aqui! Meu Deus, como fui má! Penso muito em minha vida, aqui não faço outra coisa, e imagino que eu poderia ter agido diferente. Naquele dia, ao relento, poderia ter procurado mais trabalho, não ter aceitado o convite daquela moça, ter ido em busca do auxílio de uma religião. Mas não fiz nada disso. O que fiz está feito e as conseqüências estão aqui, estou presa neste local horrível e sofrendo muito.

Maria Gorete calou-se e novamente veio um silêncio assustador.

Ademir e Armando

Quando se fazia silêncio ali, naquela sala que era cópia da que um dia fora a sala do sobrado, ouviam-se os ruídos de fora: gritos, gargalhadas, gemidos que podiam arrepiar de medo os não acostumados, mas eles, ali há tempos, anos, já não ligavam. Quando eles se calavam, na sala, naquele recinto, fazia silêncio, ouviam-se os barulhos de fora com mais clareza, principalmente se prestassem atenção.

– Ademir, Armando, não querem falar de vocês? – perguntou Mary delicadamente.

– Eu não gostaria – respondeu Armando. – Acho o que fiz muito íntimo.

– Não me sinto à vontade para fazê-lo, mas ao mesmo tempo acho que necessito falar. Talvez eu melhore. Porque necessito pedir perdão. E você, Armando, foi o culpado, mais do que eu, incentivou-me ao erro. – Falou Ademir.

– Não me coloque a culpa! Se você não fosse considerado culpado não teria vindo para cá junto de nós. Não o obriguei a nada, fez porque quis – falou Armando, defendendo-se.

– Tem razão, é mais fácil colocar a culpa nos outros. Você me incentivou, mas fiz porque quis. Agora entendo que escutamos sempre coisas ruins e boas, mas fazemos as que queremos. Não deveria ter lhe dado atenção.

Ademir fez uma pausa, abaixou a cabeça, suspirou e foi falando devagar.

– Tinha tudo para seguir o caminho certo. Família estruturada, fui um filho amado. Meus pais fizeram o que podiam por mim e pelos meus irmãos. Não estudei mais porque não quis, porque queria casar, estava apaixonado por uma mulher encantadora e boa. Casei e era feliz. Tivemos filhos lindos e sadios. Era religioso, freqüentava com assiduidade o templo e orava.

– E por que está aqui? Você é o único de nós que diz ter sido religioso. O que aconteceu? – perguntou Suellen, curiosa.

– Fui hipócrita! – respondeu Ademir. – Era um pseudo-religioso, uma pessoa que tinha religião de forma externa, de fachada. Porque, se eu tivesse sido realmente religioso, não teria feito o que fiz. Até que queria ser bom, mas não fui. Às vezes penso: Onde está Deus, que eu adorava?

Ademir olhou para Mary, que respondeu:

– Deus, meu amigo, está em toda parte.

– Até aqui? – perguntou Suellen.

– Sim, até aqui – respondeu a socorrista.

– Verdade? Tenho vergonha de Deus. Mas por que Ele está aqui, neste lugar tão feio? – indagou Suellen novamente.

– Não existe lugar em que Deus não esteja. Sim, Ele está aqui e dentro de nós – respondeu Mary.

– Como dentro de mim? – indagou Ademir. – Como Deus está dentro de mim se cometi tantos erros?

– Lembro agora – falou Mary, tentando explicar –, que li num livro que Santo Agostinho foi, antes de se converter, um homem pecador, e depois meditou sobre isso. Indagava: "Onde estava, meu Deus, quando eu vivia errando?" E teve a resposta: "Estava no meio do seu coração". "Como?", cismava Agostinho. "Eu estava sempre presente com você, mas você estava ausente de mim" – escutava a resposta. Deus, onipresente, não estava ausente da alma de Agostinho, como não está ausente do coração de ninguém. Tanto ele como nós é que não sentimos Sua presença. Ignoramos a presença de Deus em nós.

– Às vezes penso que poderia me justificar e dizer que não sabia o que fazia, mas sabia, sim. Acho que todos nós sabemos quando erramos – falou Ademir.

– A ilusão é forte e fazemos a nossa verdade, a que nos convém – disse Eleocácio.

– Já pensei sobre isso – expressou Mary. – E meditei muito sobre uma passagem do Evangelho em que Jesus na cruz disse: "Pai, perdoa-lhes, porque não sabem o que fazem". Nós erramos e muitas vezes dizemos que não sabíamos, mas temos tudo para saber e deveríamos saber. Se a ignorância anulasse o erro, Jesus não teria dito: "Perdoa-lhes". Mesmo dizendo que eles não sabiam, pediu a Deus que os perdoasse. Não se perdoa quem não é culpado. E esse não saber, quando deveríamos e poderíamos saber, é que é erro. Imprudência é ignorar a presença de Deus em nós e não dar atenção às Leis Divinas, que nos orientam a seguir rumo ao progresso, para fazermos o bem e evitarmos todo o mal.

– Acho que, se a gente pensasse mais ou acreditasse realmente nisso, não faria tanta bobagem – disse Benedito.

– Vou falar o que eu fiz – disse Ademir, decidido. – Quando comecei a trabalhar para o senhor Armando, que agora é um companheiro de infortúnio e por isso não o chamo mais de senhor, logo percebi que ele não era honesto nem trabalhador.

– Não venha com ofensas – interrompeu Armando.

– Não estou ofendendo! Não quero ofender mais ninguém – respondeu Ademir.

– Está bem, não fui honesto. Pode continuar, não o interrompo mais – falou Armando.

E Ademir continuou:

– Sei agora que deveria ter saído daquele trabalho. Lembro que, quando era mocinho, peguei um dinheiro que era para pagar uma mensalidade e gastei, comprei até presentes para minha mãe. Fiquei de castigo por isso, meus pais conversaram muito comigo. Meu pai me disse: "Filho, seja honesto, fuja das tentações, afaste-se das pessoas desonestas". Mas emprego estava difícil, eu não queria ficar desempregado e achei que poderia conviver bem com meu patrão e continuar sendo bom. Fazia meu trabalho do melhor modo possível. Nessa época só eu trabalhava em casa, meus filhos eram pequenos e eu queria lhes dar mais conforto. E acabei não resistindo aos incentivos de Armando para fazer determinados trabalhos. Assim, comecei a fazer extras e ganhava relativamente bem por eles. E tentei justificar – como a gente arruma justificação quando quer. É para o bem de minha família, pensava. Com esse dinheiro vou comprar os remédios para minha sogra, brinquedos para as crianças, ou emprestar para meu irmão etc. Só que o bem dos meus nem sempre resultava no bem de outros. E por esse esquecimento fui fazendo coisas erradas, acumulando pecados.

"Armando tinha uma fábrica, uma pequena indústria que não dava lucro, era só fachada, para ter um local onde dizia trabalhar e ter dinheiro. Ele era um cobrador de dívidas, cobrava porcentagens do que recebia e eu comecei a ajudá-lo. Ia até as pessoas e as ameaçava; se tivesse ficado só nas ameaças, hoje não sentiria tanto remorso, embora humilhasse as pessoas. Mas cumpria as ameaças; surrei muitas pessoas, quebrei objetos delas, destruí sem deixar provas. E isso não foi só para cobrar dívidas, mas também por motivos simples, desafetos, brigas. Lembro, para minha infelicidade, de tudo muito bem e de que, pelo que fiz, muitas lágrimas foram derramadas. Mas de alguns casos recordo-me com mais remorso. Um deles é o de uma senhora viúva que teve de tirar o filho da escola para pagar os juros exorbitantes. Outro é o de um senhor que, após uma surra, sentiu-se tão humilhado que se suicidou. E outro... bem, este é o mais triste. Por ordens de Armando e por muito dinheiro, provoquei um acidente e uma pessoa morreu."

Ademir suspirou e parou de falar; Suellen indagou-o:

– Você matou uma pessoa? Você é um assassino!

– Eu a matei! – Ademir exclamou, triste, e continuou a falar. – Assassino... termo forte cujo sentido só vim a saber quando fui assassinado. A intenção era matar e fiz de forma que não fosse descoberto, e não fui. E, para me iludir, encarnado, tive em mente que só provoquei o acidente, mas o que fiz foi um assassinato planejado e a sangue-frio. Matei uma pessoa que nem conhecia e que, tudo indicava, era boa. O retorno veio depressa, fui morto, e não foi só isso, ainda vim para cá, para este lugar horroroso, e sofro pelo que fiz. Mas fui a causa de muitas pessoas sofrerem, e o que sinto agora é justo. Como vocês vêem, dei uma de santinho e fui muito ruim. Agora, fale você Armando, diga-nos por que me pagou para matar essa pessoa.

– Não quero! Não vou falar nada! – Exclamou Armando.

Quietaram-se por instantes.

– Olá, pessoal! Como estão vocês? Muito movimento?

Entrou um desencarnado no local falando alto. Era um ex-escravo. Ria e, ao ver Mary, seu riso passou a sorriso um tanto sem graça. Examinou o local e não soube o que fazer. E Armando, que queria desviar de si a atenção de todos, falou:

– Oi, Damião! Sente aí! Esta é Mary, uma socorrista que está aqui tentando ajudar-nos. Cumprimente-a!

– Boa tarde, dona! – falou Damião. – Estou só de passagem. Venho sempre aqui dar um alô para eles. Desculpe-me se brinco. Falei de movimento para alegrar o ambiente, sei que eles não saem do lugar. Mas não vou demorar, já vou indo.

– Fique Damião – ordenou Armando. – Conte para Mary que foi escravo, o que fala sempre para nós.

– Acho que interrompi uma conversa séria. Já vou! Até logo!

Damião saiu e todos olharam para Armando, convidando-o a falar de si. Ele praguejou e, como viu que eles não haviam desistido e que tinham todo o tempo para esperá-lo, resolveu falar:

– Tem razão, devo lhes contar o que fiz quando encarnado. Aqui, ninguém teve uma vida digna. E, se estamos querendo saber quem nos matou e por que, devo continuar a conversa e falar de mim. Depois quem de vocês me criticará? Todos têm seus erros.

"Estou indignado por estar aqui. Não fui muito religioso, mas na minha religião eles me diziam claramente, afirmavam, que se eu fizesse determinada coisa não ia morrer sem uma assistência espiritual. Um homem de Deus iria me perdoar pelos meus pecados."

– Que expressão estranha é essa, "homem de Deus" – falou Benedito. – Todos nós somos de Deus, ou deveríamos sentir sempre a presença do Pai em nós, como nos disse Mary. Você não deveria ficar indignado. Abusou, fez algo para ter troca, com interesse, e não de modo sincero.

– Você, meu caro Armando – expressou Mary –, pensou que poderia ter um intermediário entre você e Deus; enquanto deveria ter essas pessoas como conselheiras, simples guias rumo ao progresso espiritual. Porque nossa vida deveria ser um cotidiano do bem-viver, com a crença de que o reino de Deus está dentro de nós. Nosso pedido de perdão deve ser dirigido a quem ofendemos, a quem prejudicamos e a Deus, por O termos ignorado dentro de nós. Muitos como você se decepcionam ao sentir seus erros aqui, no plano espiritual, após terem sidos perdoados por intermediários. Porque ninguém pode fazer por nós o que nos cabe. Podem orar por nós, enviar boas energias, pensamentos que nos ajudarão, mas, se quisermos ser, temos que fazer. Nós mesmos devemos orar, pedir e nos modificar. E você, Armando, se tivesse se confessado a um homem de Deus, como disse, e não tivesse feito a sua parte, nada adiantaria. Porque quando errou o fez sem o consentimento de uma pessoa de bem. Pessoas boas até ajudam, e como ajudam, mas não podem fazer por nós o que nos cabe.

Todos prestaram atenção e concordaram, e Armando recomeçou a falar:

– Só tive um irmão, Arnaldo, que desencarnou jovem, aos dezesseis anos. Meus pais me protegiam muito, tinham medo que eu morresse também. Minha mãe desencarnou e meu pai logo após fez também sua passagem para a vida espiritual; nessa época eu já era casado. Nunca levei nada a sério quando encarnado, era gastador e minha esposa, a primeira, não concordava. Eu ia muito a festas, viajava e logo gastei toda a herança que meu pai me deixou.

"Minha família era pequena, meu pai só tinha uma irmã, tia Zefa, que era casada e só tinha uma filha, a Julieta. O marido de tia Zefa, tio Adauto, estava sempre me chamando a atenção e, quando ele desencarnou, ficou mais fácil lidar com a titia e tirar dinheiro dela. Bem, ela me dava, me tirava dos apertos pelos quais passava. É por isso que não me conformo com o fato de ela estar aqui. Sempre foi boa, me ajudou, como também a orfanatos, asilos e amigos.

"Minha primeira esposa era uma chata, assim eu achava, mas agora entendo que ela queria que eu mudasse, que me tornasse uma pessoa boa. Nós nos separamos e deixei minha filha, Érica, com ela, e quase não as via nem as ajudava. Casei novamente com Magali e tivemos dois filhos; com esta combinava, ela era gastadeira, tão sem juízo como eu.

"Quando minha prima desencarnou, a filha de tia Zefa, a Julieta, passei a cuidar da titia. Embora gostasse dela, não fazia por sentimento, mas com interesse de ficar com a fortuna dela. Era seu único parente.

"Sempre tive amantes, vivia de negócios obscuros e, nestes anos aqui sofrendo, senti pelo que fiz. Ademir tem razão, penso muito também e me sinto responsável pelo senhor que se suicidou por não ter como me pagar e pelos que passaram fome para se livrar de nós, pagando-nos. Tenho remorso de ter desencaminhado moças, fazendo-as ser prostitutas. E o que me dói muito é um estupro. Um casal me devia uma grande quantia de dinheiro, não tinha como pagar e tinha uma filha muito bonita de dezesseis anos. Quando a vi, cobicei-a, dei a entender que para tê-la perdoaria a dívida. Seus pais a ofereceram a mim e me garantiram que ela era virgem. Fui à casa deles, que saíram, deixando-me com a garota. Ela me explicou que pelos pais fazia tudo, porque eles iam perder a casa em que moravam e não tinham para onde ir. Que o pai havia pegado dinheiro emprestado porque a mãe tinha ficado doente, que ela me pagaria aos poucos, iria arrumar trabalho. Não me importei, tudo aquilo era problema deles, não meu. Então ela implorou, chorou, estava muito bonita e desprezei seus rogos; como ela não cedia, estuprei-a. A jovem era realmente virgem. Depois de saciados meus instintos, saí da casa e devolvi as promissórias ao pai dela no outro dia, e nunca mais soube deles. É horrível lembrar isso. Seu choro sentido está na minha mente, vejo aquelas cenas como se estivessem acontecendo agora, lembro seu rosto sofrido e ela me dizendo que me odiava e que um dia ia se vingar".

– E será que Sílvia não se vingou mesmo? Ela seria bem capaz – falou Benedito.

– Ela se chamava Sílvia. Como sabe? – Indagou Armando.

– Sílvia esteve conosco um tempo, foi uma das poucas que trabalharam no prostíbulo por vontade própria. Depois foi embora com um homem. Ela não só odiava você, como desprezava os pais – respondeu Maria Gorete.

– Você, meu caro Armando, espalhou ódio. Entende o que fez? Separou uma família e colocou no coração de uma menina de dezesseis anos esse sentimento ruim – disse Mary.

Armando abaixou a cabeça e Benedito falou:

– E de Margarida, você se lembra?

– Mas a essa não fiz mal – respondeu Armando.

– Não mesmo? – Perguntou Benedito. – Eu não o conhecia, só de nome, vim saber quem era aqui, neste local. Mas tinha-lhe mágoa. Margarida era uma moça que nos servia e você a ajudou a fugir.

– Fiquei apaixonado e fiz isso, sim. Mas depois de um tempo enjoei dela e, como ficou doente, mandei-a embora.

– Você a mandou embora porque ficou doente! – Exclamou Suellen. – Que horror!

– Naquela época achei certo. Hoje não faria isso, devia ter cuidado dela. Espero que Margarida esteja bem – falou Armando, sincero.

– Nós aqui queremos que os que prejudicamos estejam bem. Mas será que estão? Melhora nosso remorso pensar que estão bem. Mas vamos analisar friamente: não devem estar. Quem recebe uma maldade, sofre – disse Suellen suspirando.

– E aconteceu o acidente, não aconteceu, Armando? De que Ademir falou – perguntou Zefa.

– Aconteceu, também é um tormento pensar nisso. Planejei e matamos uma jovem, e sua mãe sofreu muito e o noivo também.

– Conte para mim, Armando, como vocês mataram Julieta – pediu Zefa. – Sempre quis saber os detalhes.

– A senhora sabe que fomos nós? Sabia? – Perguntou Ademir, aflito.

– Sim, sabia – respondeu Zefa.

– O que aqui não se sabe um do outro? – Indagou Eleocácio. – Ademir, por que se admira de Zefa já ter conhecimento disso?

– Perdoe-me! Perdoe-me, Zefa! Por Deus, perdoe-me! – pediu Ademir, chorando. – Tenha piedade e diga que me perdoa. Não posso olhar para a senhora, nunca pude.

– Pede perdão e piedade – disse Suellen. – Ao termos feito o erro, a vítima também pode ter pedido piedade e não tivemos. Penso que, se os fetos que matei pudessem falar, teriam me pedido clemência, o que não tive. Todos nós percebemos que você, Ademir, não conseguia olhar para Zefa. Só que não imaginávamos o motivo. Você é um assassino, tanto como eu, matou a filha dela, a única.

– Pode olhar para mim, Ademir! – Exclamou Zefa. – E deixe para me pedir perdão depois. Agora fale você, Armando; o que fez para minha Julieta?

Armando e Ademir choraram, o choro sincero do arrependimento. Armando, após uns minutos, controlou-se e falou:

– Estava interessado na fortuna da senhora, minha tia; queria-a para mim. Mas havia Julieta, a chata e apagada prima, ela que ia herdar tudo. Quando ela arrumou um namorado, noivo, e ia casar, vi que a fortuna nunca ia ser minha e decidi agir. Entendi que se ela morresse seria eu o herdeiro, como único parente. Planejei bem todos os detalhes e foi o que fiz, com a ajuda de Ademir, matei minha prima.

"Fiz tudo bem-feito; segui Julieta por dois meses e vi que às quartas-feiras ela voltava sozinha à noite do conservatório de música, pois o noivo tinha aulas em outro local. Julieta não dirigia bem e seria fácil provocar um acidente com ela na estrada.

"Quase no horário de ela sair, ir para casa, eu lhe telefonei:

"'Julieta, tia Zefa sofreu um acidente. Ela foi à cidade vizinha com José e o carro bateu numa árvore. Titia está no hospital e eu estou com ela. Não se apavore, não é nada grave. José machucou-se mais. Titia sofreu um corte na cabeça, levou pontos e o médico quer que ela fique internada, que passe a noite aqui. Eu já cuidei de tudo, não se preocupe. Venha para cá, titia quer você por perto, mas venha rápido! Não passe em casa, venha direto. Espero você'.

"Julieta acreditou, porque minha tia saía muito com José, o motorista. Preocupada, ela quis saber de detalhes e inventei. Conhecia minha prima e sabia que viria rápido, mas mesmo assim recomendei que não falasse a ninguém e viesse sozinha. Temendo que minha prima duvidasse do telefonema ou passasse em casa para pegar algo e aí visse titia, arquitetei um plano, caso isso acontecesse: eu iria para a casa delas e diria ter recebido um telefonema de Julieta dizendo que titia estava doente. Juraria que a voz era de minha prima. Assim ambas seriam vítimas de trotes.

"Queria que viesse sozinha, mas estávamos preparados para matar mais um se ela viesse com o noivo. E Julieta, como sempre obediente, veio sozinha. A estrada para chegar à cidade vizinha tinha muitas curvas por contornar montanhas e muitos precipícios. E foi num desses que Ademir a esperou com a caminhonete, emparelhou com ela, empurrou e jogou seu carro para fora da estrada. Julieta não soube como se safar, deve ter se apavorado, não sabendo como agir, e seu carro se espatifou nas pedras e ela morreu".

Armando calou-se e Zefa falou:

– Foi assim que a enganaram! Nunca consegui entender o que Julieta estava fazendo naquela noite, naquela estrada, sozinha. Seu noivo e eu indagamo-nos muitas vezes. Agora entendo. Ela sofreu? Responda-me, Ademir, ela sofreu?

– Não, Zefa, Julieta teve morte instantânea. Eu a empurrei com a caminhonete, joguei-a para fora da estrada. Inexperiente, ela não soube se livrar e caiu no precipício – respondeu Ademir.

Zefa chorou e Suellen disse:

– Não se entristeça mais por isso, Zefa, já passou, faz tempo.

Zefa enxugou o rosto com a mão, deu um suspiro e vários outros foram ouvidos. Até Mary o fez, nossa socorrista lutava para não ficar triste, mas se comoveu, sentiu enfraquecer-se e novamente ouviu a voz tranqüila de Alfredo: "Calma, Mary, não se escandalize, veja-os como são: pessoas que erram. Sofreram, e você está aí para tentar que compreendam a necessidade de se modificar. Que o arrependimento deles os faça se modificarem. Lembre que Jesus não condenou a mulher adúltera, mas recomendou que ela não errasse mais". Mais tranqüila, conduziu o auxílio do melhor modo possível.

7 Zefa

— Você, Armando, foi um tremendo ingrato. O pior de todos nós! – exclamou Maria Gorete. – Disse que sua tia era boa, que ajudava você. Que ingrato você foi!

– A ingratidão é a pior coisa que existe! – Exclamou Suellen. – Fazer mal a quem odiamos, até dá para inventar desculpas; a quem desconhecemos, podemos imaginá-las ruins. Mas prejudicar a quem nos quer bem e fez muito por nós é maldade demais. Desculpe-me, Armando! Estou a julgá-lo. Quem sou eu para isso? Sou assassina como você. Sabendo agora da reencarnação, talvez eu tenha matado nos abortos afetos ou pessoas que me ajudaram.

– Não queria que titia soubesse disso. No começo tive medo da reação dela, depois não quis que sofresse mais. Sim, porque achei que se soubesse ela ia ter uma desilusão que aumentaria seu pesar. Fui imprudente e mau, só tenho que pedir desculpas. Se pudesse levantar-me daqui, ia de joelhos implorar seu perdão – falou Armando, sincero.

– A ingratidão faz mais mal a quem é ingrato – opinou Maria Gorete. – Pode até doer em quem recebe, mas irá doer muito mais no ingrato.

– Isso é verdade – falou Mary, explicando. – Porque quem faz por amor, de modo sincero, o bem, não espera recompensas, nem um simples "obrigado". A ingratidão até pode doer no benfeitor, mas deve passar logo, e como você disse, Maria Gorete, irá um dia doer muito em quem foi ingrato. Ser grato é um sinal de que o indivíduo aprende a amar de forma certa. Pessoas gratas tornam-se receptivas a receber mais, enquanto no ingrato muitas vezes essa receptividade é cortada por ele mesmo. Aquele que não sabe agradecer, não merece receber. Mas você, Suellen, disse bem: não nos cabe julgar ninguém aqui. Armando foi ingrato, mas reconheceu seu erro.

– É verdade, reconheço meu grande erro e se voltasse no tempo não seria mais ingrato! Se voltar a viver junto de tia Zefa, serei um escravo dela! – disse Armando.

– Eu não quero isso – respondeu Zefa. – Não me importo mais com sua ingratidão. Já fiquei sentida, agora creio que o compreendo. Se eu puder escolher, não quero nem você nem Ademir perto de mim. Não os quero mal, mas não creio ser possível amá-los.

– Que bando somos nós! – Exclamou Suellen. – Tivemos todos os motivos para sermos mortos. Mas falamos e ainda não sabemos quem nos assassinou e por qual dos nossos erros.

– É verdade – falou Eleocácio. – Eu, como juiz acostumado a julgar crimes, não faço idéia do que nos ocorreu.

– Será que não vamos saber nunca? – Indagou Maria Gorete.

– Lembro a vocês que falta Zefa falar – disse Benedito.

– Deixe minha tia! – Exclamou Armando. – Ela já sofreu muito. E pelo visto existe injustiça após a morte do corpo. Deve ser uma continuação mesmo, não só da vida, pois não acabamos, mas de tudo, e as injustiças continuam. Titia, eu sofreria em seu lugar. Eu mereço; a senhora, não!

– Não, meu caro Armando, no plano espiritual não há injustiças. Muitas vezes se pensa que não são justos certos acontecimentos, mas basta analisarmos com frieza e entenderemos que não há injustiça nem no plano físico – esclareceu Mary.

– Já sei, é por essa tal da Lei da Reencarnação – falou Maria Gorete.

– Vocês sabem muitas coisas, usam termos certos, falam muito de reencarnações. Como sabem disso? – Indagou Mary.

– Foram os socorristas que nos falaram – respondeu Suellen.

– É isso mesmo – disse Zefa. – São os samaritanos, pessoas como você, Mary, que têm nos visitado e nos falado coisas bonitas e úteis.

– E quando eles vêm, fico menos perturbada. Mas nunca aqui me senti como agora, tão lúcida – disse Suellen.

Mary entendeu que Alfredo a ajudava, enviando-lhes fluidos para que todos pudessem melhorar, falar de si e serem auxiliados, socorridos.

– Eu também me sinto assim! – Exclamou Maria Gorete. – Já estive muito perturbada.

– Foi tudo muito confuso o que nos aconteceu – expressou Zefa. – Quando, naquela noite, recebia o impacto das balas, passei por uma dormência estranha. O primeiro tiro me fez cair, não sei explicar, mas ouvi outros tiros e recebi o segundo. Quis morrer para parar de sentir tudo aquilo, mas, pobre de mim, já estava morta. Meu corpo havia morrido e continuei... continuamos vivos. Vultos nos tiraram da sala, hoje sei que foram desencarnados moradores do umbral, que pegaram nosso espírito, nosso verdadeiro eu, e nos trouxeram para cá. Creio que nosso corpo morto foi enterrado. Aqui ficamos parados, cansados, com dores e aqueles vultos que riam, zombando de nós, foram embora. Criamos a sala, não sei como, mas o fizemos, e ficamos aqui sem sair do lugar. Acho que por anos ficamos como enlouquecidos. Aos poucos, fomos melhorando dessa perturbação, mas não do sofrimento. E quando espíritos bons vêm nos visitar, melhoramos. E foi por essas conversas que aprendemos um pouco. E o assunto que nos interessou mais foi a reencarnação, talvez porque nos tenha dado a esperança de sair daqui, acabar com este sofrimento e renascer, ter outra oportunidade de viver em outro corpo, de ter um reinício e esquecer.

Zefa suspirou e todos também o fizeram. E novamente o silêncio; dessa vez não se escutou nada lá de fora. Mary levantou-se e abasteceu de água o copo de cada um, deu-lhes pão e frutas e trocou os curativos. Fez com delicadeza, com carinho, e escutou de cada um deles um agradecimento. Fizeram uma pausa, e cada um pensava no que escutara.

Quando Mary sentou-se novamente, Eleocácio falou:

– É triste escutar tudo isso. Somos todos culpados! Vamos tentar lembrar, para esclarecer, o que fomos fazer na casa de Zefa naquela noite.

– Eu fui me encontrar com Eleocácio – disse Suellen.

– E eu com você, é óbvio! – Exclamou Eleocácio.

– E eu fui ver os selos – falou Benedito. – Gostava muito de selos, era um colecionador. Acho que foi a única coisa de que gostei e pela qual não prejudiquei ninguém.

– Fui lá naquela noite acompanhando Benedito – expressou Maria Gorete.

– Fui fazer um trabalho para a titia, num favor a ela – falou Armando.

– E eu acompanhei Armando – disse Ademir.

– Tudo simples demais, talvez por isso esteja tão complicado – expressou Eleocácio.

– Falta você, Zefa, para falar. Não quer também desabafar? Todos se sentiram melhor quando falaram de si – disse Mary.

– Isso é verdade – interrompeu Maria Gorete. – Eu me senti bem melhor depois que compartilhei meus sofrimentos íntimos e também gostei de escutar, me fez bem. Afinal, estamos juntos há tantos anos e devemos ser mais que companheiros de infortúnios, devemos ser amigos.

– Estão certos – disse Zefa devagar. – É justo que eu fale e que vocês também saibam de mim.

"Tinha só um irmão como família. Meus pais desencarnaram cedo, eu tinha doze anos e meu irmão, dezenove. Morreram em um acidente de trem. Esse meu irmão tornou-se como um pai para mim, cuidou de mim e me amparou com todo o carinho e atenção. Quando casou, continuei a morar com eles; minha cunhada era muito boa, éramos amigas. Conheci Adauto numa feira; embora o achasse um tanto estranho e feio, começamos a namorar. Ele tinha uma história triste. Havia fugido do seu país na guerra e vindo como imigrante para o nosso. Sofreu muito, passou muita fome e necessidades e teve muitos empregos. Morava em um quartinho e tinha poucas roupas. Tive pena dele e o ajudei. Ele me contava sempre sua história. Antes da guerra, morava com a família numa boa casa; eles viviam tranqüilos, tinham uma situação estruturada. Quando a guerra começou, se preocuparam muito e passaram a viver com medo. Ele era adolescente quando a tragédia aconteceu. Seu pai o havia mandado fazer uma entrega e quando voltou para casa ela tinha sido bombardeada e todos tinham morrido, seus pais, dois irmãos e uma irmã. Ele ficou desesperado, enterrou-os ali, no quintal. Queria morrer também, mas alguns vizinhos que se preparavam para fugir o ampararam e o convidaram para ir junto, e

Adauto foi. Tiveram muitas dificuldades, andaram muito, ficaram sem se alimentar, viram muitas tristezas, mas conseguiram embarcar num navio. Ele nunca mais soube de seus outros parentes, os que ficaram no seu país. Acreditava que estavam mortos. No meio da fuga, separou-se desses vizinhos e ficou sozinho no mundo.

"Adauto era pobre, mas muito trabalhador, meu irmão no começo não queria que namorássemos, mas acabou concordando. Amávamo-nos e casamos. Fomos pobres, mas Adauto, além de esforçado, era inteligente, e com minha ajuda melhoramos de vida. Isso foi aos poucos, com economias e muito trabalho.

"Não conseguia engravidar e sentia por isso, queria ter filhos e aumentar a família.

"Meu irmão e eu estávamos sempre juntos, era como se fôssemos uma família só. E foi uma tristeza quando por uma doença inesperada Arnaldo, irmão de Armando, desencarnou. Sofremos muito com eles.

"Anos passaram, já tínhamos alguns imóveis e desejava mais que tudo ter filhos. Fui a um médico, escondido de Adauto, pois ele achava que era bobagem. O médico não encontrou nada de errado em mim e disse que talvez meu marido fosse infértil. Achei também, porque ele me falava que quando fugiu esteve doente, com muita febre, e que teve muitas dores.

"Pensei até em adotar uma criança, Adauto não se animou com a idéia, para ele bastávamos nós dois. Mas para mim, não; queria um filho. Então, tive uma idéia. Resolvi trair meu esposo para engravidar. Se fizesse tudo bem-feito, planejasse bem, ninguém descobriria.

"E logo após tive uma boa oportunidade. Adauto ia viajar a negócio para uma cidade do litoral onde existia um famoso porto. Insisti para ir com ele e acabei indo. Enquanto ele trabalhava, eu ficava no hotel. Saí disposta a encontrar alguém e ter relações para engravidar. E melhor seria um marinheiro, porque teria a certeza de que não o veria mais. Foi assim que conheci no porto um alto e desajeitado marinheiro, saí com ele três dias. Depois ele partiu e nós voltamos para casa.

"E deu certo, engravidei. Contei, toda feliz, a Adauto, que ficou me olhando assustado. Achei que de tão alegre ele tinha levado um choque. Mas foi muitos anos depois que, numa conversa, ele comentou que a tal doença que teve enquanto fugia o fez infértil. E Adauto naquele momento nada comentou, depois se descontraiu e continuou amoroso, bondoso; acompanhou minha gravidez e, quando Julieta nasceu, ficou feliz como qualquer pai. Eu queria um menino, mas fiquei contente, minha filha era sadia e cresceu forte.

"Hoje sei que Adauto soube da traição, mas me amava, teve medo de me perder e resolveu aceitar o fato e o filho que eu esperava como se fosse dele. Sou grata a ele por isso.

"Só que Julieta não era bonita, mas desajeitada; gostava muito de estudar, era pequena quando quis aprender música, a tocar piano e violino. Confesso que me decepcionei com ela, sempre imaginei que meus filhos seriam brilhantes, alegres, e queria que Julieta fosse bonita, chamasse a atenção. Quando Armando disse que ela era apagada, tive que concordar com ele e talvez para muitas pessoas ela fosse chata, uma intelectual que esnobava, a seu jeito, os menos inteligentes. Mas eu a amava muito.

"Essa traição foi sempre um segredo meu, é a primeira vez que falo desse assunto. Traí um esposo bom, honesto, que mesmo sabendo que a filha não era dele criou-a com amor e nunca me falou sobre isso. Arrependo-me muito desse erro."

Zefa parou de falar para enxugar as lágrimas. Todos a olhavam, e ela continuou:

– Meu irmão e minha cunhada desencarnaram e eu senti muito. Por mais que aconselhássemos Armando, ele logo acabou com toda a pequena fortuna que meu irmão com tanto trabalho lhe deixou.

"Adauto me preveniu sobre Armando; dizia-me sempre: 'Minha querida, sei que ama seu sobrinho, mas você deve ver nele seus defeitos, que são graves. Ele é farrista, mulherengo, ocioso e faz negócios um tanto suspeitos. Ele acabou em pouco tempo com toda a herança dos pais. Não quero criticá-la, mas você o tem ajudado muito. Cuidado para não se arrepender mais tarde'.

"E Julieta dava razão ao pai:

"'Mamãe, papai tem razão. Meu primo é um mau-caráter. Não gosto dele e acho que Armando ainda vai aprontar conosco'.

"'Sei lidar com ele' – respondia. – 'Depois que meu irmão e cunhada faleceram, sinto-me responsável por ele, como o pai dele foi por mim'.

"'Mas é diferente, você na época era pequena e Armando é um adulto desajuizado' – falava Julieta.

"E eu o via como um menino sem juízo que precisava de proteção e estava sempre o ajudando.

"Nossa vida transcorria simples, com Adauto aumentando nossos bens. Meu marido ficou doente, sua enfermidade era grave e nós duas nos desdobramos em cuidados. Ele, preocupado conosco, teve o cuidado de aplicar sua fortuna em bens, como casas, prédios, para que não corrêssemos riscos nem tivéssemos muito trabalho. Dividiu tudo entre mim e Julieta e, quando esta desencarnou, ficou tudo para mim.

"Adauto sofreu e sofremos juntos. Ele ficou acamado por meses e desencarnou. Sentimos muito e choramos unidas, mas a vida continuou e passei a me dedicar a Julieta.

"Às vezes discutíamos, porque eu a queria diferente, primeiro que fosse homem, depois que se arrumasse, mas ela não se importava com nada de material. Era tímida, quieta, mas muito bondosa.

"E foi Mariinha, a minha empregada, que me fez compreender:

"'Dona Zefa, Julieta é uma pessoa especial, não brigue com ela, deixe-a ser como ela é. A senhora tem um tesouro de filha e não vê isso!'

"Compreendi e, quando a aceitei, tornamo-nos amigas e não brigamos mais.

"Continuava dando dinheiro ao Armando, às vezes escondido de minha filha. Era meu único sobrinho e eu achava que ele me queria bem.

"Fiquei animada quando Julieta me contou que estava namorando, mas quando conheci Ricardo fiquei decepcionada. Porém, logo entendi: os dois pareciam ter sido feitos um para o outro. Ricardo também era feio, desajeitado, e os dois tinham gostos iguais. Ele era professor de música e, como ela, gostava de ler. Iam muito ao teatro e às vezes eu ia com eles. Conformei-me, vendo-a feliz, e me pus a fazer planos com os netos que certamente viriam. Conversamos, eles se casariam logo e morariam comigo. Não necessitariam preocupar-se com dinheiro e poderiam continuar com a música ou dar-se ao luxo de serem músicos, embora nenhum deles tivesse talento.

"Foi então que aconteceu o acidente. Pensei que fosse morrer, senti uma dor tão grande ao saber que minha Julieta havia falecido.

"Foram Armando e Magali que vieram me acordar e me dar a notícia. Eles fizeram tudo para suavizar o trauma. A polícia havia avisado meu sobrinho, porque tinham achado o carro caído com ela morta dentro.

"Lembro bem de cada detalhe. Naquela noite, Julieta se atrasou, pensei que tivesse saído com o noivo e fui dormir. Acordei com Armando me chamando. Levantei, aflita, olhei no relógio, eram duas e quarenta da madrugada. Entrei no quarto de minha filha, chamando-a:

"'Julieta, parece que Armando está aí fora me chamando. Levante! Venha comigo ver o que ele quer. Julieta!'

"Ela não estava no quarto, sua cama estava arrumada. Desci as escadas afobada, abri a porta, corri para o portão e ao ver Armando e Magali senti que algo sério tinha acontecido.

"Foi muito triste o velório, Julieta estava com o corpo muito machucado. Não me conformava, não queria acreditar e, desesperada, a vi ser enterrada. Queria ter morrido junto. Armando e Magali foram prestativos, levaram-me ao médico, ele comprou os remédios. Eu orava muito, pedindo a Deus que me levasse, queria morrer para ficar com meu marido e minha filha. Muitos amigos me fizeram companhia. Ricardo sofreu muito, ele amava realmente Julieta. Nós dois, por mais que pensássemos, não conseguíamos entender como e por que Julieta estava naquela estrada.

"'Será que ela me traía?' – indagou Ricardo.

"Eu não achava; Julieta amava o noivo.

"O tempo passou devagar. Minha vida perdeu o sentido. Não achava graça em nada. Ricardo foi escasseando as visitas. Até que um dia me contou que estava interessado em outra moça. Tentei disfarçar minha decepção e sorri. Depois entendi que ele tinha que refazer sua vida. E viúvo é quem morre, pensava. E Ricardo não tinha por que sofrer por minha filha a vida toda. E tempos depois, quando casou, dei-lhe uma soma razoável de dinheiro e desejei de coração que fosse feliz.

"Armando continuou a me levar ao médico, a comprar meus remédios, a fazer tudo que eu precisava, e eu lhe dava muito dinheiro e nem me preocupava com o que ele fazia. Eu não necessitava de muito para viver e depois ele seria meu herdeiro, e achava certo ajudá-lo.

"E minha vida era muito monótona; recebia algumas visitas e fazia outras e ainda usava os serviços de José, o motorista, que estava sempre me levando a lugares.

"Estava um pouco esquecida, com a pressão arterial alta e não gostava de fazer regime. Mariinha, a empregada, era minha companheira, cuidava bem de mim e eu a auxiliava muito.

"Ia muito ao cemitério. Enterrei minha Julieta com o meu Adauto, fiz um túmulo bonito e duas vezes por semana ia lá orar, limpar o túmulo e colocar flores.

"Com essas visitas, fiz amizade com duas senhoras que tinham os mesmos sofrimentos que eu, conversávamos muito, lamentávamo-nos. Nós nos tornamos amigas mesmo; eu gostava delas e elas de mim. Elas também iam ao cemitério chorar seus mortos e muitas vezes almoçávamos lá perto, ficávamos horas a conversar.

"E foi então...".

8 Delegado Cássio

Foram interrompidos por batidas na porta e por um homem com voz forte e grossa indagando:

– Posso entrar?

Não esperou resposta e entrou, olhou tudo, observando detalhadamente, e contou:

– Um, dois... oito? Por que oito? Se foram sete os assassinados. Vocês não são os mortos do sobrado da rua curva?

Silêncio. Os oito da sala também o olharam, examinando-o. Depois de uns segundos, Benedito falou:

– O senhor, digo, você não é o delegado Cássio? O famoso corrupto da cidade?

– Veja bem como fala! – Respondeu o homem. – Não permito ofensas.

– Não mesmo? – Perguntou Benedito. – Não creio que aqui ainda mande em alguém ou em alguma coisa. Lembro que você me extorquia dinheiro. Foram muitas as vezes que lhe paguei para continuar com minhas atividades. Como sei também que você fazia isso com muitas outras pessoas. E este lugar é o certo para os corruptos. Que está fazendo aqui? Que quer?

O homem não respondeu, continuou falando como se não tivesse escutado Benedito.

– Deixe ver se acerto... Você é Josefina, a dona do sobrado. Estão um pouco modificados, sujos, descabelados, desarrumados, mas eu, que os examinei tanto e tenho tudo na memória, reconheço-os. O juiz, a amante, o mal-afamado sobrinho e seu empregado, Ademir, cuja família me incomodou para que encontrasse o assassino. E os donos do bordel. E você quem é?

Apontou o dedo para Mary, que tranqüilamente respondeu:

– Sou uma trabalhadora do bem e estou aqui para ajudá-los.

– Puxa! Para ajudá-los tem que ficar aqui? – Perguntou o visitante. – Não é nada agradável este lugar.

– Calma lá, meu caro – disse Suellen. – Primeiro nos diga: quem é você? É realmente o delegado? Ou foi? Depois nos diga o que veio fazer aqui. Você está sendo inconveniente.

– Vocês estão muito lúcidos. Pensei que fosse encontrá-los perturbados, dementes. Conversam bem. Estou estranhando. Por que estão assim? – Perguntou o homem.

– Perguntamos primeiro – respondeu Suellen. – Mas você tem razão, com a presença de Mary, estamos ou ficamos melhores. Mas já estivemos muito perturbados. Estou raciocinando perfeitamente e recordando também. Agora nos responda, porque estamos curiosos. Você entrou aqui como se fosse o dono do pedaço.

– Sou o delegado Cássio, ou melhor, fui. Hoje sou o Delega ou Delegadozinho, como me chamam. Para responder a tudo que me perguntou, preciso de tempo...

– Temos todo o tempo que quiser – falou Maria Gorete. – Não saímos daqui mesmo. Gostaria de saber o que faz aqui. Se

Mary permitir, gostaria de ouvi-lo. Você cuidou do nosso caso? Desencarnou? Sabe quem foi que nos assassinou? Não!

Cássio respondia com sinais de cabeça e depois disse:

– Vim aqui na esperança de saber quem os assassinou. Vocês devem saber, não é? Não! Impossível! Como foram mortos e não sabem?

– Caro delegado – respondeu Eleocácio –, realmente não sabemos. Todos nós vimos um moço desconhecido que atirou sem falar nada. Ninguém aqui lembra de tê-lo visto antes. Não sabemos quem é.

– Um matador de aluguel! – Exclamou Cássio. – Só pode ser. Mas por quê? Quem mandou? Por que vocês todos juntos? Gostaria de saber, sempre o quis. Não esqueço esse crime, quis tanto solucioná-lo. O mistério do sobrado, como o caso ficou conhecido. Se tivesse achado quem os matou teria ficado famoso. – Cássio sentou-se no chão, perto de Mary, e olhou para Zefa. – Estranho ver a senhora e Ademir aqui. Pelas minhas investigações Ademir só tinha de errado o fato de ser empregado daquele ali. Você, meu caro Ademir, pelo visto deve ter feito ou ajudado seu patrão a fazer falcatruas. Mas dona Josefina era limpa, isto é, não achamos nada que tivesse feito de errado para estar aqui no meio desta gente ruim.

– Está nos ofendendo de novo! – Interrompeu Maria Gorete. – Somos, sim, um bando de errados. Mas e você? Está isento de erros? Não creio que esteja, senão estaria em outro lugar. Bons no umbral, só os socorristas. Se tivesse sido um delegado honesto, não estaria aqui. Não é por ter sido um homem da lei que veio para cá, não é?

Mary se intrometeu para explicar:

– Podemos fazer o bem ou o mal independentemente da profissão que temos. A oportunidade é a mesma para todos. Entendo que em algumas profissões se tem mais facilidade para fazer o mal, como em outras se tem melhor chance de fazer o bem. A profissão de homem da lei, como disse Maria Gorete, deveria ser tão responsável como outra qualquer. Existem bons profissionais nessa área, como existem os maus. Certamente Cássio não está aqui pela sua profissão, mas pelo que ele foi ou fez.

– Obrigado, senhora Mary! Posso chamá-la de Mary? Obrigado. Você tem razão, muitos colegas meus que foram bons desencarnaram e estão muito bem. Não culpo minha profissão por eu ter vindo para cá ao ter meu corpo físico morto. Não posso colocar a culpa em ninguém, só em mim, mas ninguém quer me escutar.

– Estou curiosa para saber por que você está aqui no umbral.

Como nos achou? – Perguntou Suellen.

– Tive uma perturbação forte quando desencarnei. Vim entender o que aconteceu comigo aqui no umbral, ou nesta região do plano espiritual que eu conheço. Foi muito desagradável! Mas deixemos isso para lá. Esse crime da rua curva sempre me incomodou, intrigou. Fui tachado de incompetente pela imprensa, e meus superiores me cobravam resultados. A família de Ademir me perturbou; queriam que eu descobrisse quem foi e por que o fez. Não foi roubo, pois não roubaram coisa alguma. E eu... nós da polícia não conseguimos descobrir nem chegar à conclusão nenhuma. A conversa está boa, mas tenho que ir. Vocês têm todo o tempo, mas eu não. Tive permissão com hora marcada para vir aqui.

– Você é um empregadinho do mal ou escravo? – perguntou Benedito.

– Nem um nem outro, ou os dois ao mesmo tempo – respondeu Cássio. – Quando desencarnei, fui desligado do corpo por um espírito que queria vingar-se de mim. Ele muito me maltratou.

Depois, fui libertado por um morador daqui que tem um bom cargo numa cidade umbralina e fiquei por lá servindo-o. Estive sempre curioso para saber o que ocorreu com vocês e, quando fiquei sabendo que havia um grupo neste local, preso numa espécie de sala, e que tinha sido assassinado, pedi para vir aqui. E para ter permissão, tive que fazer alguns trabalhos extras. Mas tenho hora certa para voltar.

– Se não voltar no horário, o que lhe acontecerá? – Perguntou Suellen.

– Serei castigado. Às vezes pode ser que meu chefe esteja de bom humor e me escute, então o castigo pode vir ou não. Mas na maioria das vezes castiga-se e nem se quer ouvir justificativas.

– E você gosta disso? – Perguntou Benedito.

– Não, não gosto. Mas não tem outro jeito. E você, gosta de ficar aqui? – Indagou Cássio.

– Não! Você tem razão. Não se tem escolha – respondeu Benedito. – Não deve ser fácil para você, acostumado a mandar, ter de obedecer.

– Não é mesmo. Sou humilhado a todo instante – respondeu Cássio. – O pior é que eu sempre fui o homem da lei contra os bandidos e agora me sinto como um bandido, do lado deles. Isso é horrível!

– Você não se arrependeu Cássio? Não sente vontade de mudar de vida? – Indagou Mary.

– Sinto, sim. Queria mudar a forma de viver, mas não sei como. Se sumir, o chefe me pega ou aquele espírito que quer se vingar de mim – respondeu Cássio.

– E se você for procurar ajuda dos bons espíritos? – Sugeriu Mary.

– Não sei... Será que eles me aceitariam? Pelo que fiz não posso ser considerado bom – respondeu Cássio.

– Se você veio aqui para saber quem nos matou, perdeu seu tempo – disse Suellen. – Estamos conversando há horas. Cada um falou um pouco de si e não descobrimos nada. Eu fui...

Suellen falou, resumindo o que fez, quem foi e depois continuou falando de cada um, sendo interrompida às vezes por um deles para acrescentar algo. E finalizou:

– Como vê, senhor ex-delegado, temos muitos motivos para ter sido mortos.

– Vocês agrediram, agiram errado e, assim, ficaram sujeitos a receber agressão, a ter a reação de seus atos – disse Mary.

– Como uma pessoa acostumada a lidar com crimes, tenho certeza de que todos vocês não falaram muito, estão escondendo algo – disse Cássio, olhando para eles.

Abaixaram a cabeça, alguns até suspiraram e ninguém respondeu.

– Cássio – disse Mary –, por que você não fica conosco, esquece seu chefe, fala de si e permite que eu o ajude?

– Não quero que meu chefe fique irado e que possa não só castigar a mim, mas a vocês também – respondeu Cássio.

– Posso lhe garantir que ele não fará isso. Se você quiser mudar de vida terá a nossa proteção e seu chefe nada poderá fazer. Depois você ainda tem algumas horas – falou Mary.

– Você tem razão. Quero há tanto tempo desabafar e nunca encontrei alguém aqui que me escutasse. Errei e me arrependo. Posso mesmo falar de mim?

– Pode – respondeu Suellen.

– Minha família era unida e sem grandes problemas; fui uma criança ativa e esperta e desde pequeno queria ser policial. Estudei sem dificuldades, cursei direito e fiz carreira na polícia. Gostava do que fazia. Prender bandidos era prazeroso, como também, infelizmente, abusar sexualmente dos presos. Logo, quando mocinho, percebi que não gostava de mulheres, mas fiz de tudo para que ninguém notasse. Justificava à minha família, aos meus pais e irmãos que não casava porque tinha medo que bandidos usassem minha família, pois meu trabalho era perigoso. Muitos presos eram meus amantes em troca de regalias. Foi então que me apaixonei por um deles, só que ele não me queria e não aceitava essa sexualidade. Forcei-o, ameaçava colocá-lo em celas com perigosos, deixei-o sem alimentação, até que cedeu. Estava preso por roubo, era bonito e tinha estudo. Eu sabia que ele, quando saísse da prisão, não iria me querer, assim segurei-o, não o soltei quando venceu sua pena. Ele me odiava, mas ficava calado. Sua família conseguiu um advogado e um juiz mandou soltá-lo. Quando ele saiu, só disse: "Um dia, senhor delegado, a situação será invertida, sei esperar". Havia muito ódio em seus olhos. Não o vi mais, ele viajou, foi morar longe com medo de mim. Eu sofri, amava-o, e fui me entreter com outros. – Cássio suspirou, parou de falar por momentos.

– Forçar os outros. Tenho horror disso! – Exclamou Suellen. – Não me conformo! Por que forçar alguém sexualmente? Você foi um estuprador!

– E ainda não falou da parte corrupta – disse Benedito. – Recebia dinheiro de bandidos e depois diz que não é bandido.

– Vocês têm razão, fui corrupto e estuprador. Forcei alguns presos, embora outros gostassem de me servir. Era generoso com meus amantes. Eles tinham privilégios na prisão. Arrependo-me muito disso; esse ato me marcou muito.

– Talvez porque você tenha sofrido por isso – falou Armando.

– É verdade, sofri; e lhes digo: não faria isso de novo – disse Cássio.

– Homossexualismo é um problema sério – opinou Ademir. – Tudo que é contra a natureza é errado. Quando encarnado, tive um vizinho que não funcionava como homem, mas era honesto, vivia sozinho e nunca teve amantes. Era uma boa pessoa, estava sempre ajudando os outros e todos gostavam dele.

– Uma pessoa admirável esse seu vizinho, Ademir! – Exclamou Suellen. – Mesmo sozinho viveu honestamente. E solidão é algo estranho. Às vezes estamos junto a outros e nos sentimos sozinhos; em outras, aparentemente estando sem ninguém, não nos sentimos sós. Creio que quando temos algo edificante para fazer, ou quando nos lembramos de fazer o bem, não existe solidão. Desde que meu corpo morreu, aqui estamos, juntos, mas senti muita solidão.

– É falta de afeto verdadeiro – opinou Zefa.

– É um fato complicado o seu, Cássio! – Exclamou Benedito. – Eu nunca mais forço ninguém a fazer o que não quer. Sofro muito por ter agido assim como você, obrigando pessoas a ceder. Acho que você, delegado, errou mais em forçar. Eu não gosto de lembrar meus erros, mas lembro.

– É verdade! Gostaria de esquecer minhas maldades e não consigo. Estou consciente dos meus erros – expressou Cássio.

– Mary, você já viu muitos homossexuais no umbral? – Perguntou Maria Gorete. – Não gostava deles, achava-os ruins, creio que era tudo preconceito. E, se tivesse ficado sabendo que o delegado era um, eu o teria chantageado.

– Maria Gorete, conheci quando encarnada alguns homossexuais, uns honestos, pessoas boas, e outros, não. E não tinha preconceito, escolhia amigos pela bondade. E compreendi que existe muita diversidade entre pessoas que se denominam homossexuais. Aqui no plano espiritual também divergem. Pessoas boas quando desencarnam têm opção de fazer um tratamento para entender os vários motivos de serem como são, recordar o passado e se harmonizar. No plano espiritual, que abrange colônias, postos de socorro, não há união sexual, e sim agrupamento por afinidades, amizades, podendo-se ver até alguns casais que se amam ficarem juntos, aprendendo a se amar cada vez mais. Aqui no umbral, onde trabalho há anos, tenho visto alguns que, encarnados, foram homossexuais e que aqui vieram por afinidade; desses, muitos continuam a ser o que eram. Porque só nos livramos dos reflexos do corpo físico quando aprendemos a viver sem ele, como desencarnados. E preconceito é sempre ruim.

– Eu nunca gostei de homossexuais – falou Armando. – Mas quem sou eu para julgar alguém? Pessoas boas, as que não têm erros e estão sempre auxiliando, não julgam. Você, Cássio, enganou as pessoas direitinho. Eu, que me julgava bem-informado, nunca soube disso.

– Tinha vergonha! Temia a opinião dos outros e não temia minha consciência – respondeu Cássio.

– Você gostou de ter sido homossexual? – Perguntou Maria Gorete.

– Não – respondeu Cássio. – Não gostei, penso mesmo que Deus fez o homem para a mulher e vice-versa. Mas não foi só por isso que vim parar no umbral. Creio que se tivesse sido bom teria a chance de ser socorrido. Gostaria de fazer esse tratamento de que Mary falou e ser homem ou mulher e amar o oposto. É triste ter um sexo e querer ser o outro e, pior ainda, ser promíscuo. – Suspirou, e continuou a falar. – Desencarnei quase de repente. Senti-me mal, fui ao médico, que pediu que me internasse num hospital para fazer exames, e lá meu coração parou e não conseguiram me salvar. Meu corpo morreu e esse moço por quem estive apaixonado estava me esperando. Com ódio, ele me desligou do corpo morto e minha agonia começou. Ele e outros desencarnados me maltrataram. Sofri muito. Mas entendi o tanto que eu o fiz sofrer. Senti dores e humilhações do mesmo modo que o fiz sentir. Cheguei a lhe pedir perdão, mas ele não me perdoou e por três anos fiquei com o grupo. Depois o bando se desfez, cada um foi para um lugar e ele se desinteressou de mim, acho que se sentiu vingado e meu chefe atual me pegou para escravo. Esta vida é horrível; escondido, tenho chorado e maldigo meus erros.

Cássio fez uma pausa e Benedito indagou:

– E as corrupções? Não esqueça que eu lhe dei dinheiro.

– Será que não foi você, Cássio, que nos mandou matar e aqui veio só para saber se descobrimos? – Falou Suellen.

– Não fui eu! – respondeu Cássio depressa. – Não matei ninguém nem mandei matar. Creio que nem em troca de tiros com bandidos assassinei alguém. Um dia fui a um culto religioso e a pessoa que pregava disse que Jesus havia dito: "O que Deus uniu o homem não separa". Nosso Criador uniu o espírito ao corpo e o homem não podia separar. Que o homicídio e o suicídio eram pecados muito graves. E assim tive medo de cometê-los.

– Interessante! – Exclamou Benedito. – Que você acha disso, Mary?

– Embora Jesus tenha dito isso falando sobre o matrimônio, essa interpretação pode ter razão de ser. É a primeira vez que escuto. Mas concordo que o homicídio e o suicídio, que é uma forma de homicídio, são erros graves.

– Eu acho agora que existe forma pior de acabar com uma pessoa: é exterminar o que ela tem de bom. Porque às vezes não matamos o corpo, mas os sentimentos, levando pessoas a odiar – falou Maria Gorete.

– Eu sempre quis ser honesto – continuou Cássio a falar. – É verdade! Desde pequeno quis ser policial, prender bandidos. Na adolescência tive o desejo de proteger pessoas, ajudá-las a viver melhor. Estudei pensando nisso e fui ser delegado, tinha orgulho de ser um homem da lei. Mas acabei por cometer erros. A primeira vez que fui corrupto foi para ter dinheiro para dar a um investigador que estava com a mulher doente no hospital. Tive medo de que, se não o ajudasse, ele falaria o que sabia de mim, que eu gostava de abusar de presos. Quem comete um erro é difícil não cometer outros. E esse investigador tornou-se meu cúmplice e amigo. Recebi dinheiro de Benedito e Maria Gorete e de muitos outros. Escondi da minha família, mas comentários correm. Meus pais ficaram sabendo, mas eu neguei; acho que os convenci. Quando eles desencarnaram, afastei-me de meus irmãos, não queria que eles soubessem. Tinha um bom ordenado e recebia dinheiro de bandidos, mas não fiquei rico; quando desencarnei, possuía um carro e um apartamento, que ficaram para meus irmãos. Ainda bem que não mandei inocentes para a cadeia, só deixei por mais tempo esse rapaz, que soube bem me cobrar. O que fiz foi deixar bandidos fora dela.

– Já pensou, Cássio, que por isso fez inocentes sofrerem? – disse Benedito. – Se você tivesse me prendido, não aceitando meu dinheiro, quantas maldades teria impedido que eu fizesse. Muitas moças não teriam sofrido tanto...

– Você tem razão – respondeu Cássio. – Não tinha pensado nisso. Se tivesse sido honesto, acabado com aquele bordel, prendido você e Maria Gorete, teria impedido que vocês fizessem tantas maldades e talvez vocês não estivessem aqui.

– Mas haveria a intenção, meu caro – falou Maria Gorete. – Não o culpo pelos meus erros. Acho que onde eu estivesse iria fazer alguma maldade a alguém, porque eu era má. Mas se você tivesse sido correto teria impedido as mocinhas de sofrerem.

– Como você, eu fui corrupto – falou Eleocácio. – E sinto-me responsável pelo que podia ter evitado e não fiz. Fico pensando que, ao deixar de prender um traficante, contribuí para o vício de jovens; ao permitir que um ladrão permanecesse solto, possibilitei que roubasse pessoas; e, no caso de um assassino, deixei que tirasse a vida física de alguém.

– Entendo você – disse Armando. – Até gostaria que alguém tivesse me impedido de fazer tantas maldades. Como acho também que foi bom eu ter morrido. Se ficasse encarnado, teria feito muito mais coisas erradas. Teria sido melhor para mim se eu tivesse sido preso e pagado pelo meu crime.

– Só que não foi assim e não adianta pensar o contrário – falou Maria Gorete. – Não se pode mudar nada do que fizemos, e isso é muito triste. O remorso dói muito. Eu maldizia você, Cássio, por ficar com parte do nosso lucro, e agora, vendo-o sofrido como nós, não lhe tenho mais raiva. E, se tivesse nos prendido, sido honesto, eu aqui só teria que o bendizer, porque teria evitado que fizéssemos muitas maldades. Sinto que pelas conseqüências dos meus erros tenha desencadeado outros. Não só prejudiquei a vida das meninas ali no bordel, mas tornei-as amarguradas, fiz com que aprendessem a odiar, a querer vingança e se viciassem na bebida, fumo e prostituição. Não fiz mal só ao corpo, mas ao espírito delas!

– É verdade! – Exclamou Cássio. – Com meus abusos na prisão, fiz muitos odiarem, e esse moço até se vingar. Deixei, por dinheiro, que pessoas continuassem soltas a fazer maldades.

– A gente não pensa que, quando erra, ou pode impedir que outro erre e não o faz, está sendo responsável por danos, causando muito sofrimento – contou Zefa.

– Quanta irresponsabilidade quando se pode impedir e não o faz! – expressou Suellen.

– Mas sempre temos oportunidades de consertar, de construir o que destruímos, de reparar, aprender, sermos honestos, esforçar-nos para fazer o bem e sermos bons – falou Mary.

– Acredita mesmo nisso? – Perguntou Armando.

– Sim, acredito – respondeu a socorrista. – O remorso deve ser construtivo. Devemos ter consciência dos nossos erros, como também de que, se pudéssemos voltar no tempo, não os cometeríamos novamente. Lembro-lhes de que Deus é nosso Pai e que nos ama, e por esse amor misericordioso não nos condena ao sofrimento eterno. E que outras oportunidades teremos e devemos aproveitá-las bem e...

Foram novamente interrompidos.

O ex-escravo

Escutaram um choro alto e sentido; vinha de alguém que estava do lado de fora e embaixo da janela.

– Quem será? – Indagou Suellen.

– Alguém que nos escutava. É melhor ver quem é – falou Benedito.

– Por favor, faça você isso, Mary; veja quem é. Nós não saímos do lugar. Até tenho curiosidade e vontade de andar por aí, ver como é tudo lá fora – pediu Maria Gorete.

Mary levantou-se, passou pela porta e encostado na janela estava Damião.

– Você não é Damião, que nos visitou há pouco? – Perguntou a socorrista.

– Sou – respondeu ele.

– Entre, venha conversar conosco – convidou Mary.

Damião entrou depressa, ainda chorava. A socorrista voltou a sentar em seu lugar e ele ficou de pé. Todos o olharam, curiosos.

Mary também o observou; o ex-escravo era de estrutura pequena, magro, mulato e cabelos lisos.

– Sente aqui – falou Mary, mostrando o local entre Benedito e Ademir. – E você, Cássio, acomode-se ali entre Suellen e Armando. Assim, faremos um círculo e poderemos conversar.

Eles sentaram no chão. Suellen indagou, curiosa:

– O que faz aqui, escravo Damião? Não tinha ido embora?

– Fingi ir, mas estava curioso para saber o que acontecia aqui e fiquei embaixo da janela escutando – respondeu Damião.

– E por que chorou? – Perguntou Ademir.

– Chorei porque me emocionei – respondeu Damião, enxugando as lágrimas; suspirou e continuou a falar: – Eu me senti péssimo, triste e infeliz. Tenho errado tanto, já pequei muito; ao escutá-los, compreendi que nós estamos aqui porque nos afinamos, merecemos, temos nossos erros a nos atormentar. Mesmo nos esforçando para enganarmos a nós mesmos, eles estão marcados como ferro em brasa e, pior, doem. É assim com vocês, comigo. Não resisti e chorei; um choro represado há muito tempo.

Chorou de novo e todos ficaram quietos. Entenderam-no, pois achavam também que as ações maldosas marcam; para uns são como um lodo pegajoso, para outros, uma chaga. Muitos até tentam disfarçar, ou ignorar, tentando esquecer, mas um dia elas vêm à tona e não se pode fugir do que se fez. Para Damião, talvez por saber que queimaduras deixam marcas, comparou seus erros desse modo. E foi Mary quem quebrou o silêncio.

– Damião, você não quer falar de você? Podemos escutá-lo.

– Fale, Damião! Sempre achei sua alegria falsa. Você se sentirá melhor após desabafar – falou Suellen.

– Não tenho nada de bom para recordar, para falar – disse Damião, pensativo. Depois de um suspiro continuou a falar pausadamente. – Mas quero fazê-lo! Vou contar a vocês como foi minha vida: nasci escravo, numa grande fazenda. Era menino e ambicionava servir na casa-grande, porque senão ia para as lavouras de café, onde o serviço era pesado. Então pedi para o feitor e para as escravas que trabalhavam na casa para intercederem a meu favor e esperava ansioso ser chamado. Nessa fazenda não havia muitos maus-tratos, como tínhamos conhecimento de que ocorria em outros lugares. Trabalhava-se muito, descansava-se pouco, a senzala era grande e a comida, farta. Só que preguiçosos levavam chicotadas e o castigo para brigas era também o chicote. Escravos fujões eram marcados com ferro quente como gado. Mas quase não havia fugas, porque não se tinha para onde ir. A meninada, escravos crianças, brincava pelo terreiro e logo tinha alguns trabalhos para fazer.

"O dono da fazenda tinha um filho quase da minha idade, mais novo dois anos. Chamava-se Alceu. E eu queria servi-lo. O sinhô foi escolher um negrinho para isso; fiz de tudo para ser escolhido, mas ele preferiu um primo meu, que era mais velho e forte. Fiquei revoltado e resolvi impedir; planejei e executei meu plano. Fiz um buraco e cobri com palha, depois levei esse meu primo ao local. Convidei-o para ver um ninho de passarinho, sabia que ele gostava de ver. Deixei-o ir na frente para que caísse no buraco. Dentro do buraco eu tinha colocado um pedaço de pau enfincado no chão, com a ponta para cima. Resultado, além de ele torcer o pé, fez um corte grande, perdeu muito sangue. Eu me fingi de indignado e fui ajudá-lo. Levei-o para a senzala e em seguida voltei correndo ao local e desfiz o buraco. Meu primo teria que ficar acamado por tempos, e eu fui em seu lugar para a casa-grande. Apresentei-me ao meu dono.

"'Sinhô, o escolhido não pode vir, está machucado. É um descuidado que certamente não dará certo para cuidar do sinhozinho Alceu. Vim em seu lugar'.

"'E você dará certo, negrinho?' – perguntou o sinhô, rindo.

"'Darei, sim, senhor. Sou magro, mas forte e esperto!'

"'Está bem, fique. Se você se der bem ficará; se não, voltará à senzala'.

"Meu primo nem desconfiou que eu tinha feito essa maldade, o coitado ficou com a perna imóvel, teve muitas dores e até me agradeceu por tê-lo socorrido, levando-o para a senzala.

"Tudo fiz para que me aceitassem na casa-grande, fazia tudo o que o menino Alceu queria.

"'Você parece me bajular demais. Mas vou aceitá-lo, direi ao papai que quero você!' – falou o sinhozinho.

"Detestava ser escravo, queria ser dono, branco e importante. Mas como não dava, resolvi usar da inteligência para facilitar minha vida. Quase não ia mais à senzala. Minha mãe reclamava, mas estava contente por eu estar bem.

"Assistindo às aulas com sinhozinho, porque ele tinha um professor que ia à fazenda duas vezes por semana, comecei a aprender e, vendo que tinha facilidade e gostava, Alceu me fazia sentar com ele e assistir e participar das aulas. Aprendia tudo rápido e até explicava ao meu sinhozinho, que era preguiçoso e desinteressado. Aprendi até a falar mais dois idiomas.

"Minha vida era tranqüila, porque Alceu era ocioso; mas nas férias vinha da cidade um primo dele, Mariozinho, que era uma peste. Ele me obrigava a fazer coisas ridículas, batia-me e ofendia. Alceu ria e mudava o comportamento comigo. Quando Mariozinho ia embora, era um alívio. Naquelas férias, logo no começo, resolvi mandar esse primo indesejável embora.

"Sinhô Alceu e o primo estavam no quarto. Saí e fiquei no jardim, embaixo da janela do quarto em que estavam. Sabia que naquela hora o sinhô ia para a lavoura e passava por ali. Fiquei como que se vigiasse e quando vi o sinhô fingi me assustar. Deu resultado, ele me indagou:

"'Que faz aí, negrinho?'

"'Eu? Nada!' – respondi, arregalando os olhos.

"'Que foi, negrinho? Venha cá! Conte por que está vigiando a janela do quarto de Alceu'.

"'Ele está lá com Mariozinho. Os dois sozinhos! Não quero que ninguém os surpreenda. Eu estou a vigiar' – respondi.

"'Foi Alceu que o mandou?'

"'Não, sinhô! Eu que quis!'

"'Por quê?'

"Como não respondi e comecei a fingir que tremia, o sinhô se interessou e ameaçou:

"'Fale, senão vai para o tronco!'

"'Não me castigue, por Deus! Sinhô, ninguém pode saber o que acontece naquele quarto. Ia ser um escândalo'.

"'O que acontece?' – perguntou o sinhô.

"'Nem eu sei!' – respondi.

"Após mais ameaças, falei, inventando:

"'É que eles ficam pelados fazendo coisas!'

"'O quê?' – perguntou o sinhô, assustado.

"'É esse Mariozinho safado, sinhô. Se eu fosse o sinhô, mandava-o embora' – falei devagar, temendo sua reação.

"'Vou lá e eles vão ver!' – exclamou ele, irado.

"'Sinhô, espere! O que vai dizer aos outros? Não faça isso, escutei sinhozinho Alceu falar que se descobrissem ele se suicidaria'.

"O sinhô parou. O irmão dele com dezessete anos havia se suicidado fazia alguns meses e falavam que era porque ele gostava de homens. Aproveitei que ele pensava no que ia fazer e falei:

"'A culpa é do sinhozinho Mariozinho. Faça-o ir embora e tudo volta ao normal, ninguém ficará sabendo'.

"'Acho que vou fazer isso! E você, negrinho, não vai falar nada' – disse o sinhô.

"'Não, juro que não falo. Depois nem sei o que estão fazendo. Não falo nem ameaçado com ferro quente. Sou fiel ao sinhozinho Alceu!' – falei, beijando os dedos cruzados, costume por ali de quando se fazia um juramento.

"'Se falar, arranco-lhe a língua!' – disse o sinhô, saindo e me deixando ali.

"Na tarde seguinte, Mariozinho foi embora. Senti-me vitorioso e resolvi usar da palavra, da fala, para fofocar, caluniar para resolver meus problemas. E fazia de tal forma que ninguém sabia que era eu. Assim, as escravas da casa-grande tinham medo de mim, porque tinha como fazer minha vontade junto de Alceu.

"Achava Deus injusto: Alceu tinha tudo, era bobinho, ocioso, enquanto eu era inteligente, esperto e escravo; estava sempre blasfemando.

"Sinhô Alceu e eu crescemos e me tornei seu capanga, um guarda-costas, que era chamado de jagunço. Tinha tudo o que um escravo poderia ter e também as negrinhas. Só queria sexo e não queria envolvimento. Fiz muitas maldades que até resultaram em castigos no tronco para meus irmãos de raça. Às vezes sentia que errava, mas isso passava logo e eu continuava com minhas fofocas e calúnias.

"Arrumava encontros de mulheres com o sinhô, ele não gostava de negras, mas de brancas, algumas eram prostitutas e outras até casadas. E com isso tinha regalias, não fazia nada, era bem vestido e alimentado.

"Era como um vício, estava sempre fofocando e torcendo os fatos, mas, embora tivessem a certeza de que era eu, ninguém provava.

"Um dia, fui causa de uma briga ferrenha entre as negras da casa-grande. A sinhá, cansada das minhas fofocas e porque também sabia que era eu quem arrumava encontros amorosos para seu marido, mandou castigar-me.

"Era alvo de inveja, e me levaram depressa para o tronco. O sinhô e o sinhozinho Alceu não estavam em casa. Já tinha recebido a metade das chicotadas, quando o sinhô chegou e mandou parar imediatamente. Ao saber que fora a esposa que mandara me castigar, indagou-me sobre o porquê do castigo e respondi com dificuldade, pois sentia muitas dores, é horrível esse castigo:

"'A sinhá queria saber se o sinhô se encontra com outras mulheres e quem são elas, como eu não disse, ela mandou bater em mim até que falasse' – menti.

"Ele então mandou que me tirassem do tronco e que cuidassem de mim como um sinhô, só que escondido da mulher; para ela, eu tinha recebido o castigo todo. O sinhô recompensou-me com dinheiro e deu ordem que eu não poderia ser mais castigado. Isso me tranqüilizou, mas tomei mais cuidado com minhas fofocas.

"Alceu casou-se e ficou morando na fazenda com os pais. Eles tiveram três filhos. Alceu era apaixonado pela esposa, que era muito bonita. O casal resolveu passar uns tempos na Europa, na Espanha, porque os avós dela eram espanhóis e tinham deixado para ela bens como herança naquele país. Pedi, implorei para ir junto, queria viajar, argumentei:

"'O sinhô Alceu precisa de alguém de confiança ao seu lado e que fale espanhol'.

"O pai dele achou que era boa idéia e fui com eles. Foi ótimo conhecer pessoas, lugares, viajar de navio, ver o mar. Só que a esposa de Alceu era muito mandona e me tratava como um empregado, eu tinha que fazer isto e aquilo. Viajavam conosco mais duas escravas que cuidavam das crianças.

"Achei a Espanha maravilhosa. A sinhá herdara, junto com outros bens, uma casa muito bonita numa cidade grande onde nos acomodamos. Havia muito trabalho, até me queixei ao sinhô Alceu, que me disse que não poderia fazer nada, pois viera para isso.

"O sinhô Alceu começou a sair muito, a ter amigos que jogavam e bebiam. Eu escutava as conversas e ficava quieto, sentia falta das minhas fofocas.

"Eles resolveram ficar mais tempo naquele país. Foi então que a sinhá começou a se interessar por um dos amigos de sinhô Alceu. Notei e fiquei quieto; observei melhor e percebi que ela se encontrava com ele. Resolvi me calar, porque achei que, se contasse, sinhô Alceu iria querer ir embora e não era isso que eu queria. Tive a idéia de melhorar minha posição na casa e ficar à toa. Dei a entender à sinhá que sabia e que queria regalias. Ela não teve medo, olhou-me, depois me deu uma bofetada no rosto e me xingou. Tremi de raiva e fui para meu quarto, nos fundos da casa. Resolvi me vingar. Sabia do seu encontro, avisei meu sinhô, contei-lhe tudo. Dessa vez não inventei.

"Fui com ele surpreender a sinhá. Só que ela, ativa e percebendo que eu ia contar ao esposo, fez com que uma das negras que lhe servia tomasse seu lugar. Surpreendemos o amigo dele e a escrava. Olhou-me, pedindo explicações. Chamei-o para um outro cômodo da casa para conversar:

"'Sinhô, sua esposa percebeu que seria surpreendida e fez com que sua criada tomasse seu lugar. Pense bem, seria preciso esse senhor fazer isso tudo escondido? Ele é solteiro e se encontraria com essa negra com o seu consentimento. Depois, por que no quarto da sinhá? Ela é tão puritana, como permitiu que sua criada se encontrasse com um homem no seu aposento particular? Finja não dar importância ao fato e espere para ver'.

"Foi o que meu sinhô fez. Não tocou mais no assunto. Disse que ia sair e chegar tarde. Voltou e sabíamos que a sinhá estava com o amante. Assim que o ouvi chegar corri e encontrei sinhô Alceu com uma arma na mão, ia matar os dois. Interferi, segurei-o.

"'Não faça uma desgraça dessas, sinhô Alceu! Por Deus!'

"Tirei a arma da mão dele e o amante correu e foi embora.

"Quando sinhô Alceu se acalmou, aconselhei:

"'Mande sua esposa com os filhos para o Brasil, para a fazenda. Fique aqui mais um tempo; fico com o senhor'.

"Foi o que ele fez. Mandou de volta a esposa, os filhos e as negras, e ficamos ele e eu. Contratei outros criados e passei a não fazer nada. Mas meu amo mudou, ele amava a esposa; passou a se embriagar todos os dias e eu comecei a cuidar de tudo. E roubei. Peguei uma quantia de dinheiro e escondi, porque não queria voltar ao Brasil, não queria ser mais escravo. Sinhô Alceu era agradecido a mim por estar ajudando-o e por ter evitado que fosse um assassino.

"Ele ficou doente, não queria se alimentar, só bebia. Então eu escrevi ao seu pai contando tudo, temia que morresse. E foi o que aconteceu: meu sinhô ficou acamado, chamei médicos, mas não adiantou, ele desencarnou. Tive de tomar as providências, enterrei-o e avisei a família. Dias depois chegou um irmão dele, que, vendo o que eu fizera, elogiou-me. Vendeu tudo que era do irmão e voltou. Pedi para ficar, ele deixou e me deu uma boa quantia em dinheiro.

"Com o que tinha roubado e com o que ganhei comprei uma casa boa e grande e me instalei. Só que tinha um problema: não gostava e não queria trabalhar, e o dinheiro que sobrara não daria para me sustentar por muito tempo. Pensei e achei uma solução. Ia enganar os outros. Espalhei pela vizinhança que lia a sorte, que sabia do passado e do futuro e que também ajudava a resolver dificuldades, principalmente de amores. Tinha que fazer isso escondido, porque, embora a Inquisição não agisse mais como antes, era proibido.

"Jogava com as palavras com os clientes:

"'Você tem problemas com o cônjuge?'

"'Sim' – respondia o consulente.

"'Vejo outra pessoa entre vocês' – falava.

"Se a resposta fosse não, eu partia para outra pergunta.

"'É doença que o aflige? Estou vendo!'

"E assim percebia qual era o problema e inventava. Passei também a dar uma de resolver dificuldades.

"Não é difícil para uma pessoa inteligente iludir quem quer ser iludido. Na senzala vira muitos negros e negras benzer, usar ervas, fazer orações, invocar espíritos. Só que eu não sabia fazer isso, não tinha mediunidade e nunca vira nenhum espírito.

"Quero falar a vocês, meus amigos, que eu nunca rezei nem sabia rezar. Continuava revoltado por ser negro, mesmo quando era um homem livre.

"E foi fácil, para quem sabia fofocar como eu, iludir as pessoas, obter informações e fingir que sabia fazer isso.

"Comecei até a viajar para atender pessoas em outras cidades. Continuei cada vez melhor na arte de enganar.

"'Para que seu marido volte a amá-la, a ser fiel, a senhora precisa me dar tanto' – falava uma quantia e negociava. – 'Preciso fazer um trabalho; devo comprar objetos, ervas para isso, que são caros'.

"Não tive mais problemas financeiros. Tinha criados, vivia bem e aumentava minha clientela. E percebi que muitos tinham medo; eu me aproveitava desse sentimento.

"'Sabe como é, poderá piorar! Seu esposo ou sua esposa se afastará de vez etc.'.

"Agindo assim, atraí para perto de mim espíritos maus e ociosos, que passaram a me ajudar. Muitas vezes, quando eu fazia chantagem, eles iam lá e atormentavam o indivíduo, que acabava cedendo à minha chantagem".

– Chantagista! Nunca gostei de chantagens! – Exclamou Suellen, interrompendo-o.

– Chantagem é crime! – Expressou Eleocácio.

– E pelo jeito você, Damião, sabia fazer – falou Maria Gorete. – Fazia de um modo que não parecia ser chantagem, não falava abertamente. Eu fiz isso! Dizia às meninas: "Faça o que lhe mando, senão você pode se machucar, ser atropelada, seus pais podem saber etc."

– Mas – falou Damião –, chantageei porque tinha os que se deixavam chantagear. Sabia que muitos pediam até dinheiro emprestado para me pagar, passavam dificuldades, mas pagavam porque queriam. Eram pessoas sem fé verdadeira, sem crenças sinceras, que não oravam. Porque, se fossem pessoas seguras, religiosas, eu não teria conseguido fazer isso. Esse fato sempre existiu e existe. Porque sempre há os malandros que sabem ou fingem saber fazer esses trabalhos e os imprudentes que procuram esse tipo de coisa, que pensam que é ajuda; existem pessoas que temem e pagam. Uns abusam das pessoas e outros se deixam ser usados. Não estou tentando me justificar, mas se não existisse quem procura esse tipo de trabalho, ajuda, não existiriam os que enganam. Eu não entendia disso, mas há os que entendem; trabalham junto de desencarnados enganadores como eles; imprudentes e tolos são os que procuram: gastam dinheiro à toa e dificilmente resolvem alguma coisa.

Damião fez uma pausa, suspirou.

– Mas continue, Damião! Você não fez nada de bom? Não fez uma boa ação? – Perguntou Zefa.

– Acho que não – respondeu o ex-escravo. – Se fiz, foi muito pouco. Ajudei alguns escravos na fazenda, meus criados, dei alguns bons conselhos aos consulentes. Creio que até auxiliei algumas pessoas, mas fiz muito mal. Por causa das minhas fofocas, fiz dois clientes brigarem, duelarem, embora isso fosse ilegal, e um deles morreu. Fico muito triste quando penso nisso. Pensa-se muito que todos os escravos eram bonzinhos e coitadinhos. Dou risada disso! Muitos não eram bons nem coitados e alguns eram uma peste como eu. Vejo-os como pessoas comuns que passaram por um aprendizado; uns aproveitaram a lição e outros, não.

– E como acabou isso? Como desencarnou? – Perguntou Benedito.

– Chantageei uma senhora que contou ao marido e ele me denunciou. Fui preso, bateram-me muito. Estava na prisão pensando em chantagear para sair dali, sabia de muitos detalhes da vida de pessoas importantes, influentes. Aí recebi uma garrafa de vinho. O carcereiro me deu.

"'Uma senhora bem vestida lhe mandou, e também o recado de que sairá logo'.

"Sorri, satisfeito, e bebi o vinho; estava com vontade e a bebida era boa, minha preferida. Foi quase no final que comecei a passar mal e entendi: tinha sido envenenado. Desencarnei com ódio."

– Podemos dizer que desencarnou pelo veneno de sua língua – falou Maria Gorete, dando uma risadinha.

Ninguém sorriu; todos olharam para Damião, convidando-o com olhares a continuar, e ele o fez:

– Fui desligado do corpo morto lá mesmo na prisão por espíritos que ali vagavam e fui para minha casa. Enterraram meu corpo numa vala simples. E minha casa foi sendo invadida, um levou um móvel; outro, alguns objetos; e meses depois não restava mais nada. Como não tinha parentes, o governo vendeu minha propriedade. Vinguei-me obsediando algumas pessoas que achava serem meus inimigos. Quem me matou foi uma jovem senhora que traía o marido; ficou com medo que a delatasse, então ela e o amante me mandaram o vinho envenenado. De fato, saí logo da prisão.

"Um espírito que me odiava e que queria vingança me prendeu e me trouxe para o umbral, para esta região, e me levou para um julgamento. Pedi permissão para falar e convenci o juiz de que poderia lhe ser útil.

"'Vou lhe dar uma tarefa, se tiver êxito ficará conosco, se não, será castigado'.

"Fui e fiz bem a tarefa. Tinha de fazer um grupo brigar. Usei da minha facilidade para fofoca, calúnia e logo o grupo estava brigando.

"Fiquei como servidor desse juiz e me especializei mais ainda nesse setor, que para mim não é difícil. As pessoas, na maioria, falam muito, usam a linguagem indevidamente. É só dar um empurrão que falam mais que deviam. E como surgem problemas, dificuldades por esse fato! Mas existem os prudentes, sérios, e meu trabalho com eles não dá certo. Muitos já aprenderam a não fofocar, não caluniar, e mesmo as verdades eles sabem como falar. Com eles não adianta insistir, não dão atenção a difamadores.

"Mas ultimamente tenho feito meu trabalho forçado, já não gosto de ver pessoas sendo ofendidas, caluniadas, brigando. Tenho estado insatisfeito! Ainda mais porque recordei alguns fatos de minhas outras encarnações. Fui um feitor racista, não gostava de negros. Em outra fui um professor com muitos conhecimentos, mas também racista, que falava que era certo ter escravos.

"Reencarnei negro e escravo na tentativa de aprender a amar a raça negra. Só piorei, fiz coisas abomináveis."

– Você foi caluniador, talvez na sua próxima encarnação seja mudo – expressou Ademir.

– Seria um modo de não falar coisas ruins – disse Damião.

– Que adianta? Se ele for mudo, não falará porque não pode. Quero ver se ele volta normal e usa bem a linguagem – falou Eleocácio.

– Não posso fazer planos para o futuro se não sei do meu presente – disse Damião suspirando. – Mary, por favor, deixe-me ficar aqui com vocês. Se vai ajudá-los, faça também algo por mim. Quero sair desta vida, mudar, parar de fazer maldades.

Damião chorou de novo, desta vez baixinho e sentido.

– Pode ficar, Damião, respondeu Mary. – Vou ajudá-lo, ou melhor, você está se ajudando não querendo mais fazer maldades e querendo se modificar. Terá oportunidade de se melhorar.

– Obrigado, Mary! Ficarei quieto. Já vou começar a me modificar, só usarei a palavra para algo útil.

Todos o olharam com simpatia. Foi aceito pelo grupo. Ficaram uns minutos em silêncio.

Os planos

— Bem, falamos, falamos, e há dois fatos que ainda não entendi – disse Suellen. – Quem nos matou e por que Zefa está aqui. Estes anos todos de sofrimento... foi só por que ela traiu o marido? Ele até a perdoou; soube e não fez nada, e criou a filha como dele. Zefa agiu errado, mas não para tanto sofrimento.

– Bem, não contei tudo, lembro a vocês que fui interrompida – expressou Zefa.

– É verdade, o delegado a interrompeu, mas o que pode ter feito a senhora, titia? Não acredito que tenha cometido um pecado grave – disse Armando. – Será que está aqui só para vigiar a mim e ao Ademir? Será isso possível? Não me perdoou por ter matado Julieta? Mas nunca falou nada, nem me xingou.

– É melhor escutá-la. Fale, Zefa! O que a atormenta? Que fez para estar aqui conosco? – Perguntou Suellen.

Zefa suspirou, ajeitou-se com dificuldade na cadeira e falou:

– Parei quando falava que fiz duas amigas, que nos dávamos bem e escutávamos uma a outra. Uma era Olga, uma mulher miúda, que dizia que era alegre e prestativa e sua vida mudou quando a filha, Vanilda, morreu. Que tudo se modificou de repente... Ela estava em casa lendo, quando vieram lhe falar que a filha tinha sido presa. Levou um susto, depois achou que fosse brincadeira, mas o filho confirmou, era sério. Olga, quando falava, lembrava-se dos acontecimentos e chorava. Recordo bem o que ela dizia; tentarei repetir suas palavras:

"'Zefa, senti-me mal ao ver minha filha presa, pensei que fosse morrer. Fui à delegacia na esperança de que tudo fosse um terrível engano e de que minha doce Vanilda fosse voltar para casa conosco. Mas era sério. Minha filha foi acusada de ter feito um aborto numa amiga, que morreu. Não me conformava. Ficamos desesperados, gastamos muito dinheiro para tentar tirá-la da prisão, não conseguimos. Um juiz corrupto a acusou para livrar sua amante do crime. Minha Vanilda ficou presa. Soubemos que minha filha tinha muitos namorados, saía com homens, e a decepção foi grande, mas continuamos a amá-la. Vanilda sofreu muito na prisão, foi um horror, não fez amigas lá dentro, era espancada, passava por situações vexatórias. Foram meses difíceis e de muito sofrimento. Ficamos todos infelizes e preocupados, ninguém da família tinha sossego. Eu não dormia mais direito, pensava nela o tempo todo. Tudo o que podíamos fazer por Vanilda fizemos. E ela dizia ser inocente. Contava sempre os mesmos fatos: que a amiga tinha ficado grávida e pagado a Suellen para lhe fazer o aborto; isso tinha sido feito na casa da moça grávida e ela ficou para confortar a amiga. Suellen fez o aborto e algo deu errado; a amiga passou mal, a aborteira fugiu e minha filha tentou socorrer a colega, levando-a para o hospital, onde morreu. Vanilda foi presa, disse a verdade, mas não tinha provas. Suellen negou, inventou até um local em que estava e arrumou testemunhas que comprovaram isso. Vanilda foi condenada. Ficamos sabendo que o juiz que a condenou era amante dessa Suellen. Acredito... acreditamos nela; minha filha falava a verdade. E foi numa rebelião que mataram minha menina, feriram-na com muitas facadas. Não ficamos sabendo quem foi; a direção do presídio nos deu o corpo para ser enterrado. Tentamos até obter mais informações, mas não conseguimos. Não importa saber quem a apunhalou; para nós quem matou minha filha foi essa moça, Suellen, e esse juiz Eleocácio. São os dois os culpados!'"

Zefa fez uma pausa, olhou para Suellen e Eleocácio, que estavam de cabeça baixa, e continuou sua narrativa:

– Olga falava muito do encanto que Vanilda era; esta podia até ter defeitos, mas sempre foi sua menina amada. Ela contava acontecimentos da infância e da juventude da filha e parecia que eu a conhecia, até a amei. Um dia perguntei a Olga se não havia como desmentir, inocentar a filha. Ela achava que não. E seu sonho era que os dois, Suellen e Eleocácio, parassem de fazer maldades. Logo que a filha morreu ela até pensou em se vingar; queria que os dois culpados sofressem, como ela e a família sofreram, mas era impossível; no momento parecia não haver essa possibilidade. Então Olga queria que alguém se vingasse por ela, por Vanilda. Muitas vezes ela chorava sentida; queixava-se de como alguém podia fazer tantas maldades e continuar como se nada tivesse acontecido. Essa é a história de uma das minhas amigas.

Zefa parou por alguns instantes, olhou para todos, que ficaram em silêncio, depois continuou a narrar calmamente, não precisava ter pressa, falava como se prestasse atenção, queria ser clara e não omitir nenhum detalhe importante.

– Minha outra amiga também tinha uma história interessante. Chamava-se Maria José e ia ao cemitério visitar o túmulo do esposo. Contava-nos sempre que o marido tinha sido um homem bom, honesto e trabalhador, e que eles haviam sido felizes juntos. Tiveram três filhos, dois homens e uma moça, que foi muito bonita. Lúcia era o nome da filha. Com dezoito anos, ela quis trabalhar em outra cidade e, por mais que a aconselhasse e tentasse impedi-la, ela foi. O casal ficou sozinho, porque os outros dois filhos tinham casado. Recebiam as cartas de Lúcia contando que o emprego era bom e até mandava dinheiro a eles. Embora saudosos, acreditavam que ela estivesse bem e isso os consolava. Pensaram até em visitá-la, mas a filha foi contra, não quis, e eles ficaram magoados. Nas cartas contava fatos do emprego, de amigos, e eles ficaram tranqüilos e entenderam que ela não os queria por perto, que isso era coisa da idade.

"Numa tarde, receberam o recado de que era para irem ao hospital, que a filha estava lá, internada. Foram, apavorados. Acharam que fosse engano, pois a filha não estava na cidade. Mas era Lúcia. Ela tinha sido espancada e estava com um ferimento profundo na cabeça. Não entenderam como podia a filha estar ferida na cidade em que eles moravam e por que havia sido encontrada no subúrbio, só com as roupas do corpo e a carteira com documentos. Uma semana depois Lúcia saiu do hospital. Tratavam-na com muito carinho, mas, embora os ferimentos estivessem cicatrizados, ela não se recuperou. Vivia como um robô, ela fazia tudo que lhe mandavam; ria, chorava, falava pouco.

"O esposo de Maria José, Laurindo, fez algumas investigações e descobriu que Lúcia mentira para eles, que ela fora prostituta e que morara com Benedito e Maria Gorete no bar da estrada. Foi uma grande decepção a do casal. Eles choraram muito e resolveram cuidar da filha com todo o amor e fazer justiça. Foram à delegacia e a denúncia acabou em nada. O delegado disse que não podiam provar, pois lá no bordel não ficava ninguém obrigado e que a filha devia ter brigado com algum cliente e levado uma surra, e que prostituta sempre estava errada e metida em confusões.

"Como Laurindo começou a rodear o bar e planejar narrar os fatos à imprensa, incomodou os donos. Um dia, ao voltarem de uma consulta médica da filha, encontraram a casa revirada, tudo quebrado, os objetos de valor tinham sido roubados. Ficaram desesperados e compreenderam o porquê ao ler um bilhete pregado numa das portas. Num pedaço de papel estava escrito que era só um aviso e para não se intrometer. Entenderam o recado e, embora desgostosos, querendo justiça, ficaram calados, temendo que esses bandidos pudessem fazer mal a seus outros dois filhos. Laurindo, que sofria do coração, desencarnou.

"Maria José sofreu muito; amava o marido e teve de cuidar da filha sozinha, pois esta lhe dava muito trabalho. Eu dei dinheiro a ela, que a levou a bons médicos, mas não tinha jeito de se recuperar. E Lúcia, que era bonita, ativa e saudável, ficou deficiente; às vezes ela falava de acontecimentos ocorridos naquele bar, naquele antro. E, pelo que ela dizia, entenderam que ela ficara lá obrigada e que a surra fora por isso. Maria José sentiu mais ainda. Minha amiga queria se vingar e não sabia como, guardava mágoa e tinha pena das outras garotas que estavam com aquele casal. Mas nada podia fazer.

"Eu não estava bem de saúde. Armando sempre me levava ao médico e este não compreendia por que eu não melhorava. Eu confundia fatos, esquecia muitas coisas e estava distraída. Era meu sobrinho também que comprava os remédios que eu tomava, gostava de sua atenção, acreditava que ele se preocupava comigo.

"Resolvi ser rebelde e não tomar os remédios, estava cansada deles, e como Armando e Mariinha me fiscalizavam, fingia que os tomava. E me senti melhor.

"Numa manhã, saí de casa para ir ao açougue, encontrei uma vizinha no caminho e ficamos conversando. Achei que não tivesse pegado o dinheiro, olhei na bolsa e de fato não havia pegado a carteira, resolvi voltar. Era conhecida por todos e o dono me venderia e eu pagaria depois, mas lembrei que já fizera isso dias antes e não queria ficar devendo novamente.

"Entrei em casa com cuidado, não queria que Mariinha soubesse e risse de mim. E ao passar pelo hall escutei conversas na salinha, reconheci a voz de Magali e Armando e, como falavam meu nome, resolvi escutar sem que me vissem. Foi terrível! Lembro bem aquela conversa:

"'Magali, como ter paciência? Tenho dívidas e titia só me dá uma pequena quantia por mês' – falou Armando em tom baixo, mas nervoso.

"'Ela lhe dá muito dinheiro! Você que gasta demais. Por que não corta os gastos com suas amantes?' – perguntou Magali, irada.

"'Gastamos, querida! Você e meus filhos gastam também. Isso não importa, mas sim que necessitamos de mais dinheiro e isso só teremos quando tia Zefa morrer. Você tem de reconhecer, Magali, que sou um gênio, matei Julieta e me tornei o único herdeiro de titia' – disse Armando, rindo.

"'Não sei como teve coragem de planejar e executar tudo. Você e Ademir foram geniais. Assassinaram Julieta e ninguém desconfiou. Mas, mesmo você sendo herdeiro, essa fortuna me parece distante, tia Zefa está bem e não creio que irá morrer logo'.

"'Por isso que estou apressando as coisas!', exclamou Armando. 'Troco os remédios da titia. É fácil, sou eu que os compro. Eu jogo fora os que ela deveria tomar e coloco outros no lugar. Ela está tomando um medicamento que mandei manipular para aumentar ainda mais a pressão. E o médico não entende por que o tratamento não surte efeito. Mas eu espero que os meus dêem logo resultado' – falou Armando.

"'Você tem dado a ela aquela droga que faz a pessoa ficar com o raciocínio confuso?' – perguntou Magali.

"'Tenho e custa caro, por isso espero receber logo a notícia de que titia morreu para eu ficar com toda a sua fortuna' – respondeu meu sobrinho.

"Senti as pernas tremerem, escutar tudo aquilo foi muito cruel. Não quis que me vissem, saí de novo sem fazer barulho e, atônita, fui para o açougue. Comprei a carne, pedi para marcar e para eu telefonar. Liguei para casa e disse a Mariinha que ia almoçar com uma amiga e que só retomaria à tarde. Dei um tempo para que Armando fosse embora e retornei à minha casa.

"'A senhora não ia almoçar com uma amiga?' – perguntou Mariinha.

"'Resolvi não ir mais, vou para o quarto me deitar, não estou me sentindo bem' – respondi.

"Acostumada com meus esquecimentos, Mariinha não deu importância e me deixou ir descansar. Eu queria ficar sozinha e pensar.

"Entrei no quarto, joguei todos os remédios no vaso sanitário e guardei as cartelas, mas depois me arrependi. Poderia ser uma prova de que Armando queria me matar.

"Pensei muito no que fazer, não sabia como agir. Senti-me muito só e triste."

– Que horror! – Falou Suellen, interrompendo. – Você, Armando, planejou matar sua tia, talvez a única pessoa que o amava!

– Para mim isso era segredo, não sabia que a senhora conhecia esses fatos. Estou envergonhado! Mas tudo isso é verdade. Tinha muitas dívidas e estava sendo pressionado a pagá-las, então queria receber logo a herança. Como titia estava demorando a morrer, resolvi apressar sua morte. Dava-lhe remédios adulterados... um que prejudicava seu raciocínio e até alguns comprimidos que aumentavam a pressão arterial – falou Armando com a cabeça baixa.

– Que ingrato! Fez mal a quem lhe fazia o bem. Isso é pior que fazer mal a quem nos deseja o pior – expressou Maria Gorete.

– Mal é mal, quem o faz é maldoso! E ser maldoso é a pior coisa que existe! – Exclamou Ademir.

– Vamos ficar quietos! Continue, Zefa, acho que estou começando a entender por que morremos – falou Eleocácio.

– Fiquei dias pensando – continuou Zefa a falar. – Comprei os remédios que o médico me receitara e me senti bem. E resolvi agir. Achei que não adiantaria ir à polícia, não iriam acreditar em mim, eu não tinha provas e estava com fama de confusa, esclerosada, caduca. Eles iam achar que era tudo imaginação e eu ainda seria ridicularizada.

"A primeira providência foi dar uma modificada no meu testamento. Depois que Julieta morreu, fiz um deixando todos os meus bens para meu sobrinho. Acrescentei uma cláusula na qual, em caso de morte do Armando, ficaria tudo para sua filha. O advogado não estranhou e não comentei com ninguém. Evitei encontrar Armando e Magali, não queria vê-los, e continuei fingindo estar esquecida.

"Lembrei que Adauto, antes de nos casarmos, conhecera uma pessoa que era um matador profissional. E quando Adauto mudou de cidade, eles passaram a se corresponder. Eu não achava certo essa amizade, mas meu marido me dizia:

"'Zefa, se você conhecesse Antônio, não pensaria assim; ele é educado, gentil e amigo. Já tentei lhe mostrar que está errado e ele não me escuta, mas gosto dele e ele de mim. Somos amigos!'

"Procurei nos objetos que guardava de Adauto e, aliviada, achei umas cartas e, o mais importante, o endereço desse matador.

Escrevi-lhe dizendo que necessitava de seus serviços. Antônio, o assassino, respondeu-me dizendo que não fazia mais esse tipo de serviço, mas que o filho, tão bom quanto ele, podia realizar e que era um prazer poder atender a esposa de um grande amigo. Acertei com Toninho por carta e planejei tudo.

"Como resolvi vingar a morte de minha Julieta, quis também ajudar minhas amigas, me vingaria por elas. Faria justiça por nós três: eu, Olga e Maria José; e também por nossas filhas, que tiveram a vida arruinada por maldades de pessoas que continuavam maldosas e felizes.

"Contratei um detetive para saber mais dados do casal do meretrício, conversei mais com essas amigas para obter mais detalhes. Olga sabia de tudo que me interessava sobre Suellen e o juiz. Saí com José, falei a ele que queria ir até a casa de um antigo empregado e foi essa a desculpa para bater à porta de Suellen. Indaguei-lhe, ela não soube me responder, pois eu inventara nomes. Mas, para fazer amizade, comecei a conversar com ela e acabei oferecendo uma jóia, venderia por um valor pequeno.

"'Sabe como é querida' – disse-lhe – 'estou velha, preciso de dinheiro para comprar remédios, para as despesas da casa. Moro numa mansão, mas passo por dificuldades financeiras desde que fiquei viúva. Pensei até em alugar quartos para encontros, mas está difícil'.

"Suellen, que comprou a jóia, julgou-se esperta; era um lindo anel de esmeralda, e ela interessou-se pelo quarto. Eleocácio não queria se expor e seria mais fácil se seus encontros fossem num lugar respeitável, tudo ficaria mais simples.

"Assim, todas as sextas-feiras, das dezenove até as vinte e uma horas, eu alugava um quarto a preço irrisório para o casal de amantes. O juiz entrava com o carro e guardava na garagem para não ficar exposto na rua e não ser reconhecido. Suellen vinha de ônibus.

"O detetive me deu uma informação importante sobre o casal do bar: Benedito colecionava selos e gostava muito desse hobby.

"Toninho chegou, era um rapaz educado, gentil e muito bonito; veio à noite em casa conversar comigo e acertar detalhes. Contei meu plano a ele, que o achou ótimo.

"'Mas e se não vierem todos?' – indagou ele.

"'Aqui estão os endereços, veja se é possível matá-los se não vierem. Mas eles devem morrer: Armando e Ademir; os outros, só se for possível'.

"'Só não farei se for impossível. Valho o que me pagam. Sou honesto e gosto de fazer bem-feito meu trabalho. Sou como meu pai e me orgulho de ser bom no que faço'.

"'Quero lhe pagar! Aqui está! O dinheiro que pediu e um pouco mais, porque não serão mais seis, e sim sete. Quero que me mate também!' – exclamei.

"'Mas por quê?' – perguntou ele.

"'Com eles morrendo aqui em casa, serei suspeita. Não sei mentir, irei falar e prejudicar você, e não quero ir para a prisão. Não é justo! Mandei matar bandidos, mas a lei é falha e serei presa. Estou velha e doente, irei morrer mesmo logo. Só estou abreviando meus dias. Você fará isso?'

"'Farei!' – respondeu Toninho com firmeza.

"Queria morrer! Desde que Julieta morreu, minha vida não tinha sentido. Achava que Armando gostava de mim como eu gostava dele e decepcionei-me. Depois, não queria ser presa, preferi morrer. Mas como não tinha coragem de me matar, achei que Toninho poderia fazer isso por mim.

"Planejamos tudo. Seria na sexta-feira, quando Suellen e Eleocácio viessem para o encontro.

"Fui com José, o motorista, até o bar da estrada, inventei que a casa do ex-empregado era por ali. Mandei que parasse para indagar.

José queria perguntar, mas insisti e fui. Dias antes, havia comprado de um colecionador alguns selos caros e os tinha na bolsa.

"Entrei no bar, Maria Gorete me atendeu e pedi a informação, ela não sabia, mas insisti:

"'Disseram que era por aqui. Desculpe-me insistir, mas é importante. Seu marido não sabe?'

"Nisso Benedito entrou no bar e eu o indaguei.

"'Tenho até aqui um papel com o endereço'.

"Abri a bolsa e deixei cair os selos. Benedito se interessou.

"'Gosta de selos? Tenho uma grande coleção, estes são uns que troquei com um garoto'.

"Benedito olhou os selos, conversamos sobre eles e me queixei:

"'Sou sozinha! Viúva sem filhos. Tenho só um sobrinho que não liga para selos nem gosta disso. Ele me disse que quando eu morrer irá se desfazer desta bobagem. Imagine o senhor que chamou de bobagem a minha coleção de selos. Estou querendo doá-los para alguém que ame os selos como eu e que cuidará bem deles. O senhor parece gostar deles. Não quer a minha coleção?'

"Mais do que depressa falou que queria, e eu finalizei:

"'Tome nota do meu endereço, irá lá em casa buscar. Darei tudo e ficarei tranqüila sabendo que cuidará bem dos meus selinhos. Sexta-feira à noite às dezenove e trinta, sem atraso, estarei esperando o senhor, mas, por favor, sou sozinha, viúva, não gosto de receber homem desacompanhado, sabe como é... a vizinhança pode falar. Por isso, leve sua simpática esposa com o senhor'.

"Combinamos e esperei que fosse. Tinha gastado muito dinheiro, tirado todo o disponível do banco, e isso sem Armando saber.

"Na sexta-feira, dei folga para Mariinha.

"'Vou passar o sábado e o domingo com Armando, na casa dele. E você terá uma folga merecida!'

"Mariinha fingiu acreditar, porque ela sabia que não gostava de pernoitar na casa deles. Achando que eu ficaria bem, resolveu folgar.

"E, para que Armando e Ademir viessem naquela noite em casa, telefonei para meu sobrinho na quinta-feira e inventei uma história.

"'Armando, achei uma promissória de um ex-amigo de Adauto. É uma quantia razoável e telefonei a ele, que me disse que devia mesmo essa quantia ao meu esposo e não vai pagar. Discutimos e ele disse que quer falar comigo pessoalmente. Combinamos um jantar amanhã, sexta-feira, às vinte horas. Mas pensei bem e não vou, mas sim você. Sabe melhor que eu cobrar dívidas, e o que conseguir receber é seu. Quero que seu empregado, o Ademir, vá com você. Preocupo-me, não sei o que esse homem é capaz de fazer, depois é bom ir acompanhado, pois ele logo irá saber que você não está de brincadeira e quer receber essa dívida'.

"Sabia que ao falar em dinheiro Armando faria qualquer coisa, ainda mais que seria dele o que recebesse. Combinamos que ele iria com Ademir e passaria em casa para pegar a promissória às dezenove e vinte. Tinha certeza de que meu sobrinho não se atrasaria, ele sabia que eu gostava de pontualidade.

"Mariinha foi embora na sexta-feira à tarde e eu fiquei ansiosa, torcendo para que tudo desse certo.

"Como combinamos, Toninho chegou em casa logo depois de a empregada ter saído. Conversamos tomando chá, ele me disse que seu pai falava sempre bem do meu marido, gostava dele. E que foi por ordem do pai que aceitou o serviço. Que matar para ele era trabalho e que não gostava muito de fazê-lo, mas que nem sempre se fazia o que se queria.

"'Sigo a profissão do meu pai, dona Zefa, embora tenhamos uma fazenda e trabalhemos nela, mas não dá muito lucro e para aumentar a renda fazemos alguns trabalhos para amigos. Honro meus compromissos, por isso a senhora pode ficar descansada, farei tudo para merecer o que recebi. Só não estou gostando de matar a senhora'.

"'Faça isso, Toninho! Por Deus!' – implorei. – 'Será o maior favor que fará à esposa do amigo de seu pai. Não quero ficar vivendo depois disso tudo. Minha vida não tem objetivo, sonho nem ilusão. Não tenho marido, minha única filha foi assassinada por meu sobrinho, que eu amei como filho e a quem sempre ajudei. Depois é mais garantido, assim não poderei denunciá-lo. Faça seu serviço como combinamos.'

"'Farei!' – respondeu Toninho.

"Até duvidei que ele fizesse, era educado demais, tinha bons modos, sorriso suave, só os olhos demonstravam frieza. Ele, depois de tomar o chá, subiu para o andar de cima e ficou esperando num quarto.

"Logo Suellen chegou, foi para o quarto do encontro esperar pelo juiz e em seguida, às dezenove horas, Eleocácio estava no portão. Abri para ele como fizera das outras vezes e, após ele ter guardado o carro na garagem, eu a fechei.

"Repassara todos os detalhes enquanto aguardava. Não falara nada às minhas amigas, só pedira a Maria José para telefonar no sábado à tarde para o bar, dizendo que o casal havia sido preso. Pedi que fizesse isso para que as garotas que ali estavam fossem soltas sem a burocracia da polícia.

"Os minutos pareciam passar lentamente, até que o Armando chegou com Ademir. Recebi-os contente e pedi que Armando entrasse com o carro e o deixasse na garagem aberta que ficava no jardim. Olhei para meu sobrinho, depois para seu empregado, e não tive nenhuma pena, eles haviam matado minha Julieta sem nenhuma piedade. Convidei-os a subir comigo para meu quarto e expliquei tudo de novo, tinha que os manter ali até que o casal do bar chegasse. Falei, fingindo-me preocupada:

"'Armando, meu querido sobrinho, tenha cuidado, é muito dinheiro e esse velho pode ser perigoso. Marquei com ele o jantar às vinte horas. Terá uma surpresa ao vê-lo em meu lugar'.

"A campainha tocou.

"'Vou atender a porta, esperem-me aqui, mas não mexam em nada, voltarei logo para lhe dar os documentos' – falei.

"Eles ficaram esperando, desci rápido e abri o portão, recebi com simpatia Benedito e Maria Gorete.

"'Entre com o carro, está havendo uma festa no quarteirão de cima e as crianças estão alvoroçadas, poderão danificar seu veículo'.

"Eles entraram, fechei o portão e os convidei a permanecer na salinha, que eu ia buscar minha coleção.

"Subi e falei ao Armando:

"'É um casal que veio ver alguns selos que tenho. Desçam e fiquem esperando com eles na salinha, vou abrir o cofre e pegar os documentos'.

"Olharam um para o outro e saíram. Armando sabia abrir meu cofre, mas só descobri isso quando não tomei mais os remédios que ele me dava. Dei por falta de dinheiro que nele guardava. Os dois fizeram minha vontade, meu sobrinho sempre fazia.

"Quando eles desceram, bati na porta do quarto onde Toninho estava e desci para o térreo. Escondi-me atrás de um armário e aguardei que ele descesse com Suellen e Eleocácio. O matador entrou armado no quarto do casal, obrigou-os a se vestirem e descer. E desceram logo.Quando entraram na salinha eu também o fiz e fechei a porta.

"Toninho sorriu para mim e eu fiz um sinal afirmativo com a cabeça e ele atirou.

"Não me preocupei com o barulho dos tiros. A vizinhança estava fazendo uma festa, eu havia sido convidada, dei desculpas e disse que não ia. Mas dei dinheiro para a meninada da rua comprar fogos de artifício e sabia que ia haver muito barulho, já o escutava. Depois, com a salinha fechada, os tiros não seriam ouvidos. E realmente ninguém ouviu.

"Pensei por um tempo que não tivesse morrido, que ficara ferida; sentia dores terríveis e só ouvia gemidos dos outros. Fiquei terrivelmente perturbada, sofri muito, chorei, desesperei-me, pedia para morrer. Aqui, o escuro me apavorava. Creio que foi depois de muito tempo que percebi que estávamos todos juntos. Com as visitas de bondosos socorristas foi que entendi que meu corpo tinha morrido e eu continuava viva. Tenho sofrido muito, e vê-los sofrer não me trouxe prazer ou alívio. Não falei nada de ter sido eu a mandante, e o remorso veio forte e foi a pior dor, a que não passa, a que não me dá sossego. Remorso por ter me tornado assassina, por ter me suicidado. Acho que não tenho nem lágrimas para chorar. Aqui fiquei e foi... é bem merecido meu padecimento. Quando encarnada, tive a ilusão de que ao morrer tudo acabaria, eu não ia existir mais. Que engano! Se todos queriam saber, agora já sabem, fui eu quem os mandou matar. Por vingança! É só isso que tenho para dizer."

O silêncio foi total. Suellen até pensou que aquela quietude chegava a doer no íntimo. É que cada um esteve por instantes a sós consigo mesmo. Por momentos ninguém se atreveu a falar nem a se olhar, até que...

Mary

— Está resolvido o mistério do sobrado! – Exclamou Cássio, suspirando.

– Quem era esse Toninho?

– Que aconteceu com esse matador de aluguel? – Indagaram Maria Gorete e Ademir ao mesmo tempo. E foi Mary quem respondeu:

– Tenho aqui anotado nas minhas informações. Vou ler para vocês: Toninho, mais conhecido por Tonho do Furo, saiu da casa de Zefa e trancou a porta e o portão sem que ninguém visse.

– Eu dei uma cópia das chaves – interrompeu Zefa. – Mas continue Mary, por favor. Quero saber o que Toninho fez depois.

– Foi à estação, embarcou no trem até uma cidade próxima, e de lá para a cidade em que mora. Ao passar por uma ponte de um grande rio, jogou as chaves fora. Ele está ainda encarnado e nunca foi preso.

– Como pôde fazer isso? Matar sem odiar, por dinheiro... – perguntou Suellen.

– Você também fez isso – expressou Maria Gorete.

– É verdade! – Exclamou Suellen. – Temos liberdade de fazer o que queremos; isso é livre-arbítrio, não é, Mary?

– Sim, é livre-arbítrio, e podemos usá-lo para o bem, positivo, ou para o mal, negativo. Por isso o que acontece conosco é de nossa total responsabilidade. As decisões de nossa vida são nossas, embora possamos sempre dar desculpas de termos interferências.

– Esse Tonho do Furo terá de responder pelos seus erros? – perguntou Cássio.

– Certamente que sim – respondeu Mary. – Todos nós colhemos o que plantamos, temos as reações de nossas ações.

– Será que ele vai ser preso? Ou desencarnará sem ter ido para a prisão? – perguntou Benedito.

– Não fui presa quando encarnada e estou aqui há anos confinada neste lugar. Chegará o dia em que esse matador terá que prestar contas de seus atos – falou Suellen.

– Ou desencarnará, será um dos moradores do umbral e continuará com suas maldades. Comigo foi assim e poderá ser com ele – disse Damião.

– Mary, como isso é possível? – Perguntou Ademir.

– Ao desencarnarmos, somos atraídos para lugares que fizemos por merecer. O umbral só existe porque há quem o habita. Aqui não é só para os que sofrem, muitos vêm para cá e continuam a ser maldosos, enturmam-se, organizam cidades e continuam vivendo entre disputas e orgias – respondeu Mary.

– Eles se sentem bem, são felizes? – Perguntou Armando.

– Dizem estar bem, aparentam ser alegres. Mas a felicidade é só para quem tem a consciência tranqüila, quando sente Deus dentro de si. Essa vida cansa e a insatisfação vem forte. Damião tem razão, muitos agem com maldade, desencarnam e podem se enturmar com afins aqui nesta zona umbralina e por tempos continuar no erro. Só que nada é para sempre. Há tempo para plantar e a colheita obrigatória chega. Ao cometermos um erro, um dia sentiremos a culpa. E onde há culpa há sofrimento.

– Sabe que não tenho raiva desse Toninho, ou Tonho do Furo. Se eu matei uma pessoa só e sofri tanto, imagine quando ele for pagar pelos assassinatos que fez... – expressou Ademir.

– No plano espiritual não existe tempo determinado para os mesmos erros. Cada caso é um caso. Mas você, Ademir, está certo, esse matador profissional terá de responder pelos seus crimes – falou a socorrista.

– Mary, que mais está escrito nas suas anotações? – perguntou Maria Gorete.

– Só tem mais uma: Olga e Maria José prometeram não falar o que sabiam, entenderam a amiga e foram gratas, sempre oraram por ela e pelos seus entes queridos falecidos e cuidaram do seu túmulo. Quando li, não entendi, mas depois que Zefa contou, podemos compreender. As amigas, ao saber do crime, entenderam que Zefa se vingou por elas e ficaram caladas.

– Mary, é tão bom você estar aqui conosco. Você é socorrista? Que é ser uma? – perguntou Benedito.

– Socorristas são pessoas que trabalham auxiliando o próximo. Desencarnados, quando adaptados ao plano espiritual, depois de ter estudado para conhecer como é a existência sem o corpo físico e querendo ser úteis, trabalhar para o bem-estar de outros, têm oportunidade de fazê-lo. Denominamos mais os desencarnados que ajudam, mas acho que todos que fazem o bem, que socorrem, são socorristas. E, para levarmos um socorro, devemos nos solidarizar com o sofredor. Devemos ser condescendentes com seu estado. Quando ele sofre, tem necessidade de encontrar alguém que o ampare e, quando encontra, adquire confiança, e essa pessoa que ajuda passa então a lhe mostrar que tudo pode ser mudado e enumerar as vantagens que cada um terá com essa mudança. É isso que estou tentando fazer aqui.

Mary fez uma pausa e em seguida indagou:

– Zefa, como você planejou tudo? Pensou em todos os detalhes... De onde tirou idéias para esses crimes?

– Tenho de reconhecer que a senhora, titia, foi genial. Não a julgava capaz – expressou Armando.

– Minha Julieta – falou Zefa – gostava muito de ler. Tanto lia livros de estudo como de entretenimento, ela admirava muito uma escritora de livros de crimes, lia todos e às vezes comentava-os comigo, mas na época eu não prestava atenção. Depois de sua morte, ou seja, desencarnação, passei a lê-los, sentia-me assim mais perto de minha filha. Os livros de estudo eram para mim difíceis de entender, então passei a ler esses de histórias de assassinatos. Gostei, achei a autora muito engenhosa. Quando fiquei sabendo que minha filha tinha sido assassinada, comecei a pensar como matar meus desafetos, porque naquele momento os inimigos das minhas amigas eram meus também. E tirei idéias daqueles livros; não foi de um só, foram de todos. Achei que se pensasse bem, se fizesse tudo bem-feito, não ia existir policial inteligente para descobrir. E detalhadamente planejei.

– De fato, dona Zefa, a senhora planejou bem, eu não consegui descobrir – falou Cássio.

– Quem é essa escritora? – Perguntou Mary baixinho.

Zefa respondeu, falando o nome.

– Meu Deus! – Exclamou Mary.

A expressão saiu tão sentida, que todos a olharam. Novamente ficaram em silêncio, até que Mary voltou a falar:

– Agora entendo o porquê de o meu orientador, Alfredo, ter me escalado para este trabalho. Eu sou essa escritora. Fui eu que escrevi esses livros!

– Oh!

– Você?!

Foram expressões de espanto.

– Agora entendo que você, como os outros socorristas que nos visitam, é uma pessoa comum, só que está querendo melhorar, trabalhar para o bem, ser útil e aprender. Vocês não são santos nem seres excepcionais. Devem ter feito coisas boas e outras nem tanto. Por favor, Mary, não se entristeça. Eu também, quando encarnada, li alguns dos seus livros, eles não recomendam o crime, no final deles os bandidos, criminosos, são castigados – falou Suellen.

– Se você é essa escritora, quero lhe dizer que, embora eu tenha tirado a idéia dos seus livros, você não tem culpa nenhuma – disse Zefa.

– Eu sei! Não tenho culpa, nunca quis que ninguém fosse assassinado! – exclamou Mary.

– Mas se aborreceu ao saber! – Expressou Maria Gorete.

– Achamos sempre que quem está em condição de ajudar não tem problemas. Você, Mary, deve ter tido suas dificuldades – opinou Ademir.

– Também fui seu fã – falou Cássio. – Sempre sonhei em poder descobrir os crimes como seus personagens. Tenho muito prazer em conhecê-la, mesmo sendo este encontro aqui, no meio de tristezas e dores.

– Por que você, Mary, não fala de si para nós? – Perguntou Suellen.

Todos olharam para Mary, convidando-a a falar, e ela sentiu vontade de desabafar, dizer o que se passava no seu íntimo, e começou a narrar:

– Foi um choque para mim escutar Zefa falar que tirou dos meus livros a idéia para planejar este crime. Não havia entendido quando meu orientador me pediu para vir aqui, achei uma tarefa de muita responsabilidade, tenho companheiros muito mais competentes para realizar este trabalho. Ele me escolheu e tive receio de não o fazer a contento, mas Alfredo, o orientador, disse que eu deveria vir e que me caberia realizar este auxílio. Agora entendo o porquê. Tudo o que aconteceu tem a ver comigo, com o trabalho que fiz quando encarnada. Mesmo tendo consciência de que não tive culpa, idéias macabras foram tiradas dos livros que escrevi. Este trabalho está sendo para mim uma oportunidade de tentar ajudar alguém que entendeu erroneamente o que foi feito para distrair. Vocês têm razão, meus amigos. Sim, chamo-os de amigos, porque nestas horas juntos, nas quais conversamos com sinceridade e cada um falou de si, dizendo o que se passava no íntimo, um laço de amizade nos uniu. E você, Suellen, tem razão; aqui, depois que desencarnei, não falei com ninguém o que se passa comigo. Vou contar minha vida a vocês. Fui uma pessoa comum, de família estruturada, de classe média; nunca me faltou nada, tive muitos amigos. Desde pequena gostava de ler, escrever e inventar. Minha mãe me chamava de mentirosa e um dia, por ter imaginado e falado algo sobre nossa empregada, fiquei de castigo. Uma tia, ao nos visitar, pediu à minha mãe para conversar comigo.

"'Mary' – disse ela carinhosamente – 'você é inteligente, linda e sadia, nada lhe falta. Por que mente?'

"Chorei, não queria mais sermões. Ela me abraçou.

"'Você tem imaginação fértil! É isso, querida! Não chore!'

"'É que penso e falo, e eles não me entendem!' – queixei-me.

"'Pois não fale mais o que pensa! É isso, meu bem, quando você pensar, em vez de falar, escreva! Pegue um caderno e escreva nele tudo o que imaginar e será um segredo nosso. Só eu posso ler. Combinado?'

"Alegrei-me com a idéia e comecei a fazer isso, e titia às vezes lia e opinava.

"'Querida, se você deixasse para o final este pedaço... Assim, quando eu lesse não iria saber quem matou a barata'.

"E, da morte da barata, passei à morte de pessoas.

"Embora fosse extrovertida e animada, tive uma adolescência com alguns problemas de relacionamento, minhas amigas me achavam com idéias revolucionárias e modernas. Meus pais se aborreciam com isso. Chateada, escrevia mais ainda. Comecei a fazer histórias completas e imaginava-as em livros. Então, comecei a sonhar em ser escritora, editar livros. Tive ajuda, mas não foi fácil editar o primeiro. Para uma mulher, naquela época, tudo era mais complicado. Casei com um homem maravilhoso, que muito me ajudou, e escrevi sempre. Gostava de fazê-lo, vivia cada história. Meus livros fizeram sucesso e isso era minha alegria. E continuei imaginando. Via uma mulher bonita ou alguém diferente e criava um personagem. Uma senhora idosa vestida estranhamente era para mim motivo para imaginar e escrever. Viajei muito, conheci muitos lugares e pessoas. Desencarnei com muita idade."

Mary fez uma pausa e suspirou. Maria Gorete indagou-a, curiosa:

– Você fez alguma maldade? Algo de que pudesse se arrepender amargamente?

– Não! – respondeu Mary depressa. – Nada fiz de errado, mas muito deixei de fazer. Podemos nos arrepender também pelo bem que poderíamos ter feito e não fizemos. Tive tudo e poderia ter agido melhor, ter sido mais caridosa, e não fui. Isso me incomodou, mas depois compreendi que só se sentir arrependida, incomodada, e nada fazer é continuar na inércia. Assim, tratei logo de começar a fazer, a trabalhar, a ser útil e, o mais importante, a aprender. Mas para eu entender tudo isso demorou um tempo...

– Mary, você sofreu depois que desencarnou? – perguntou Suellen, espantada.

– Como já disse, meu corpo morreu quando estava idosa, foi como dormir e acordar num lugar estranho.

"'Onde estou? Que faço aqui? Estou num hospital?' – indaguei, aborrecida.

"Tudo era muito simples e estava com outras mulheres no quarto. Tentaram me orientar, mas, contrariada, quis ir para minha casa e fui. Todos nós temos nosso livre-arbítrio, que é respeitado, e ao desencarnarmos isso não muda. Ao ter meu corpo físico morto, fui facilmente desligada dele por amigos e levada a um abrigo, uma casa de auxílio a recém-desencarnados. Não quis ficar e pela minha vontade forte fui atraída para minha casa, isto é, voltei. Vivendo agora com um corpo que chamamos de perispírito, nós nos locomovemos facilmente pela vontade, vamos de um lugar a outro em segundos. Quem aprende a viver aqui no plano espiritual sabe bem fazer isso. Mas os que não sabem, como eu naquela época, podem, ao pensar forte, usar sem saber esse tipo de locomoção.

"Voltei para minha casa, que confusão, agi como se estivesse encarnada. Só que tudo mudara, sofri e fiquei perturbada. Foi um período complicado, ora achava que estava louca, ora não conseguia entender o que se passava e chorava, eu, que nunca tinha gostado de chorar. Não sabia dizer quanto tempo estava ali, só depois soube que foram três anos. É muito ruim viver nessa ilusão, que imprudentemente criamos temendo enfrentar a realidade. Pensava estar encarnada e não queria aceitar o fato de que meu corpo, que tanto amava, morrera.

"Até que um dia, cansada, orei com fé e pedi a Deus que enviasse uma pessoa para me ajudar. Estava ajoelhada rezando e chorando, quando escutei:

"'Senhora!'

"Olhei para quem me chamara e reconheci uma antiga empregada de quem gostava muito. Ela me abraçou.

"'Vou ajudá-la!'

"'Você está morta!' – balbuciei.

"Estava tão cansada que nem tive medo; depois, o olhar dela era tão tranqüilo que me refugiei nos seus braços.

"'A senhora também!' – respondeu ela.

"'A morte é isto? Uma confusão? Não posso crer!' – exclamei.

"'Senhora, continuamos vivos quando o corpo físico morre; isso aconteceu há tempos com seu corpo' – ela tentou me explicar.

"'Não foi assim que me ensinaram, que aprendi' – falei.

"'Foi um equívoco o que aprendeu. Mas que importa isso agora? Venha comigo, vou levá-la para um lugar onde se refará, aprenderá como viver sem o corpo físico e logo estará bem'.

"Ela me levou para o abrigo novamente, dessa vez não achei tão ruim ficar perto de outras pessoas, estava cansada e desiludida; eu, que sempre gostara de conversar, fiquei quieta. Foi realmente uma grande decepção a minha desencarnação. Demorei para me adaptar, chorava e não gostava muito do lugar, embora reconhecesse que estava bem pior vagando.

"Amigos vieram me visitar e um deles me animou:

"'Onde está seu otimismo? Por favor, volte a ser o que era. O que importa é que continuamos vivos e com nossa individualidade, e aqui é maravilhoso. Aceite o fato e estará bem'.

"Foi o que fiz. Quando pude ver os jardins, a biblioteca, passei a conversar, tudo mudou em mim, e para melhor. Aprendi a viver como desencarnada e pedi para trabalhar num posto de ajuda e, com permissão, vim. Queria... quero aprender a servir, num lugar onde existam exemplos de humildade, na esperança de vir a ser um dia humilde."

– Nunca pensei que se sofresse por não se aceitar a morte – falou Suellen.

– Mary deve ter sofrido por ter acreditado que a morte fosse diferente do que é na realidade – falou Armando.

– Não devemos procurar desculpas – expressou Mary. – Conheço tantas pessoas que como eu tinham uma idéia equivocada do que ocorria após a morte do corpo e aceitaram bem quando fizeram essa mudança de planos. Gostava de maneira errada de tudo o que era meu, da casa, das jóias, até dos meus chapéus. Liguei-me a coisas materiais e a elas fiquei presa.

– Ter objetos ou ser rico é causa de sofrimento depois da morte do corpo físico? – Perguntou Zefa.

– Não – respondeu Mary. – Possuir ou não bens materiais não nos faz sofrer, mas sim a maneira pela qual nos apegamos a eles. Não devemos ficar possuídos nem pelo que julgamos ter nem pela vontade de ter. Podemos ter externamente o que queremos e não nos deixar ser possuídos, ficar apegados a nada. Nosso bem-estar está no modo pelo qual possuímos, seja este pouco, seja nada. Além do mais, tive oportunidade de conhecer o que realmente acontece conosco após a morte do corpo e não dei importância. Um dia, um amigo nosso, do meu marido e meu, trouxe-nos da França um livro de presente e comentou, entusiasmado:

"'Está em voga em Paris, na França, usar de fenômenos sobrenaturais para que almas de mortos conversem com os vivos. E há um cientista... sim, é um estudioso, um professor poliglota... que escreveu esta obra com ajuda de espíritos. Sim, meus amigos, espíritos é o nome que eles deram a pessoas que tiveram o corpo morto e os chamam também de desencarnados. É bem interessante!'

"Agradecemos o presente e prometemos ler. Depois de ele ter ido embora, comentei com meu esposo:

"'Esses franceses sempre ditando modas!'

"Meu marido pegou o livro; era *O Livro dos Espíritos*, de autoria de Allan Kardec. Leu somente algumas páginas. Comentou, ironizando:

"'Querida, esse Allan Kardec é quase tão engenhoso como você. Que imaginação! Se ele resolver escrever romances será um grande rival seu!'

"Não dei importância, e ele colocou o livro na estante. Meses depois, como íamos receber alguns amigos que freqüentavam a nossa igreja, peguei o livro e dei para a empregada, para que sumisse com ele. E assim perdi uma grande oportunidade de conhecer esse assunto. E a empregada, em vez de jogar fora, leu, e foi ela quem me socorreu. Como tudo teria sido diferente se eu tivesse lido e compreendido esse livro, que aqui sei que é verdadeiro."

Mary suspirou, fez uma pausa e continuou:

– Sofri por não aceitar a desencarnação e esse sofrimento foi para mim um aprendizado. Gosto do que faço, do meu trabalho na casa de auxílio, no posto de socorro, e sou agora outra Mary, mais compreensiva, simples, que começa a ser humilde.

– Eu também ouvi, quando encarnado, falar desse Allan Kardec e do Espiritismo, mas, como você, não dei importância. Achava que os espíritas mexiam com o demônio. Tinha até medo! Hoje sou um espírito e, pior, creio que sou um satanás. Porque, como um socorrista nos explicou tempos atrás, são denominados demônios, diabos, espíritos que estão no erro. Acho que sou um, mas não quero ser mais – falou Ademir.

– Acho que muitos têm medo de se tornar espíritas porque essa doutrina ensina muitas verdades que incomodam – falou Suellen suspirando.

– Vocês falaram em Allan Kardec... no meio dos livros de estudos de Julieta havia livros desse francês – falou Zefa. – Agora entendo que eu também perdi uma grande oportunidade de aprender. Talvez, se tivesse lido, nada disso tivesse ocorrido.

– Não deixe o "se" incomodá-la, Zefa. O fato aconteceu e pronto – falou Maria Gorete.

– Sinto-me melhor agora, falar me fez bem – expressou Mary.

– O que achei mais interessante nessas nossas conversas é que todos nós temos uma história, e os socorristas não são seres perfeitos que podem tudo, são seres humanos que podem ter errado e querem acertar. Será que um dia eu poderei ajudar? – perguntou Ademir.

– Certamente que sim – respondeu Mary.

– Isso é uma grande bondade de Deus! – exclamou Eleocácio. – Ter oportunidades! Não quero recusar mais as que Deus me der! Se você, Mary, aprendeu, eu... nós também poderemos aprender. Admiro você, Mary.

– Eu também admiro você! Poderia dar uma de santa e ter contado para nós que foi sempre maravilhosa, isso e aquilo, mas foi sincera. Acho que está mesmo aprendendo a ser humilde – falou Suellen.

Mary sorriu, enxugou algumas lágrimas, e ficaram todos por instantes quietos.

Orientando

— Mary, como são os lugares em que moram os bons? Tenho curiosidade de saber – falou Cássio.

– São lugares bonitos, simples, com muita vegetação, onde não se precisa ter medo de outro ser humano, pois não há maldades. Chamamos esses agrupamentos, que são parecidos com cidades terrestres, de colônias, e as menores, de casa de auxílio, abrigos, postos de socorro etc.

– São seres perfeitos que vão para lá? – Indagou Zefa.

– Não, mas aqueles que querem melhorar, tornar-se bons. A primeira coisa que devemos eliminar ao irmos para lá é o egoísmo, ter o propósito de não errar mais – explicou a socorrista.

– Lá é escuro? – Damião quis saber.

– Não, há claridade – respondeu Mary. – Nos abrigos por aqui é bem claro, nas colônias o sol brilha mais que na terra, vêem-se melhor as estrelas. Não existe escuridão nas casas de auxílio.

– Como é viver na colônia? – Quis saber Suellen.

– Maravilhoso! Há lugares lindos de lazer, bibliotecas espaçosas com muitos livros, jardins encantadores, ruas arborizadas e casas confortáveis. Temos ajuda, esclarecimento para tudo o que precisamos. Há ordem, respeito, alegria e muita paz. As escolas são lugares prazerosos de estudo e todos trabalham quando adaptados.

– Trabalho? É tão estranho pensar que após a morte do corpo se trabalha – comentou Damião.

– O trabalho nos impulsiona ao progresso. Ficar ocioso é castigo para o espírito ativo. Sim, há trabalho! Fazemos muitas coisas por lá – disse Mary.

– Você está aqui nos ajudando, está trabalhando, não é? – Perguntou Maria Gorete.

– Sim, estou fazendo uma tarefa – Respondeu a socorrista.

– Mary, não entendo. Se lá na colônia é tão bonito, tão agradável, por que você deixou tudo para vir aqui tentar nos auxiliar? – Indagou Ademir.

Mary suspirou, pensou uns instantes e respondeu:

– Viver nas colônias é estar em lugares lindos. Mas como posso estar bem lá e saber que irmãos que sofrem não têm a possibilidade de serem felizes também? Não seria egoísmo ser feliz e não querer auxiliar outros? Se os bons, que tiveram por merecimento estar felizes em lugares lindos e de prazeres, não se preocupassem com irmãos que sofrem, estariam num lugar onde não existiria amor e esses lugares não seriam bons assim. Mesmo aqueles que têm trabalho lá e não vêm aqui no umbral trabalham para o bem-estar de outros.

– Mary, o que necessitamos fazer para ir com você a lugares assim? – Perguntou Eleocácio.

– Querer com sinceridade melhorar, mudar a forma errada de agir, querer acertar – respondeu a interpelada.

– Pedir perdão? – Indagou Benedito.

– Rogar perdão é reconhecer que errou, é pedir uma nova chance, uma oportunidade de reparar o erro – explicou a socorrista.

– Se eu não tivesse matado Julieta, nada disso teria acontecido. Ao cometermos um erro, desencadeamos outros. Eu matei e fui assassinado! Zefa, sinto muito por tudo. Pelo meu ato errado, que levou você a errar, perdoe! Perdoe-me!

Ademir falou baixo no começo, depois, alto e num tom sentido, chorando, levantou-se, caminhou até Zefa e ajoelhou aos seus pés. Zefa passou as mãos com carinho nos cabelos dele. Expressou, comovida:

– Perdôo você, Ademir! Perdôo de coração, porque eu também tenho necessidade de rogar perdão. Você me perdoa?

– Perdôo! Embora seja eu que deva pedir clemência a você – respondeu Ademir.

– Quero pedir perdão a todos – expressou Zefa. – Você me perdoa, Suellen?

– Perdôo – respondeu ela.

– Perdoa-me, Eleocácio?

E assim falou o nome de todos, que responderam com sinceridade e emocionados que a perdoavam. Foi então que Benedito percebeu e exclamou:

– Ademir, você saiu do seu lugar! Caminhou até Zefa!

Ademir levantou-se e todos também se ergueram de suas cadeiras e deram passos. Riram e choraram. Cássio e Damião permaneceram sentados, observando, e ficaram contentes por eles. Por minutos, eles andaram pela salinha. Até que Eleocácio falou:

– Vamos sentar novamente! Vamos voltar a conversar. Estamos contentes, mas temos de decidir o que iremos fazer daqui para frente.

– Você tem razão, Eleocácio. Não quero sair por aí pelo umbral – disse Suellen.

Sentaram e Ademir falou:

– Foi a força do perdão que nos soltou!

– Mary, por que ficamos presos? – Perguntou Maria Gorete.

– Vocês, meus amigos, sentiram-se culpados, viram o falecimento de seu corpo e, como cadáveres não se mexem, ficaram como estavam; mas isso não acontece com todos, esse fato é raro. Não foi porque morreram juntos que ficaram aqui. Cada pessoa é um caso. Por exemplo, num acidente em que desencarnam cento e oitenta pessoas, o que acontecerá com elas após dependerá de cada uma. Muitas entre essas cento e oitenta serão socorridas, outras demorarão mais para serem desligadas. Algumas irão vagar, outras irão para o umbral, e pode acontecer de algumas ficarem no local do acidente. Creio que vocês necessitavam ficar juntos para se perdoarem e permanecerem no umbral até que quisessem se modificar para melhor. Ao serem trazidos para a zona umbralina e deixados num canto, acreditaram estar ainda no sobrado onde tiveram seu corpo físico morto, e, pensando fortemente na sala, plasmaram-nas pela vontade e aqui permaneceram – explicou Mary.

– Ao pedir perdão e perdoar, senti-me bem melhor, como há muito não me sentia – disse Maria Gorete.

– Pedir perdão é fácil, mas tem de ser de modo sincero. E nós o fizemos – expressou Suellen.

– Concordo com você, Suellen, só que reparar os erros, quitar essas dívidas, é que deve ser difícil! Por que não é assim, Mary: temos de reparar o que fizemos? – Falou Ademir.

– Em vez do sofrimento eterno nos é dada a oportunidade de consertar, de refazer; isso é misericórdia – expressou Mary.

– Por que será que não atendi os bons conselhos? – indagou Ademir. – Recebi bons exemplos e educação, meus pais me ensinaram bons princípios, escutava na igreja ensinamentos cristãos, mas fiz o mal.

– Creio que quase todos nós temos oportunidades de escutar bons conselhos, mas damos atenção a quem queremos – disse Mary.

– Eu, quando planejava assassiná-los, sonhei com Julieta – falou Zefa. – Acordei em seguida e me lembrei com detalhes de tudo. Minha filha me abraçava e falava: "Mamãe, não faça isso! Um erro não justifica outro. Não retribua maldade com maldade! Perdoe! Esqueça! Eu perdoei! Tenha paciência, que você virá, quando chegar a hora, para perto de mim e do papai. Por favor, mamãe, desista desse pecado!" Mesmo ficando impressionada com o sonho que me pareceu tão real, não dei atenção nem fiz o que ela me pediu.

– Você, Zefa, deve ter se encontrado com sua filha quando seu corpo dormia. Seu espírito se afastou do corpo físico adormecido e esteve com ela; e Julieta, preocupada, tentou alertá-la para que não cometesse esse erro. Infelizmente, você não a atendeu – explicou Mary.

– Ela me perdoou! Julieta me perdoou! – Exclamou Armando chorando. – Fico feliz por isso! Como ser perdoado nos faz bem... Se eu tiver oportunidade de encontrar minha prima, quero lhe pedir perdão de joelhos. Não quero nunca mais fazer mal a ninguém, nem aqui nem em outra vida.

– Outra vida? Eu que dizia sempre que quando morresse ia ter outra vida, que tudo ia ser diferente. Desencarnei e não mudei. Temo continuar assim para sempre – falou Maria Gorete.

– A vida é única, tudo é continuação, passamos por estágios diferentes. Mudar a maneira de viver é que é importante e essa mudança deve ser feita agora, no presente – respondeu Mary.

– Que ilusão! Nem felicidade eterna, nem castigo! Continuação com estudo, trabalho, esforçando-se para melhorar. Não se pode viver iludido! – Exclamou Benedito.

– Devemos crer no que é real – expressou a socorrista. – Quem está sempre iludido pode até sentir momentos agradáveis, mas poderá estar sempre preocupado e insatisfeito, esperando algo que lhe traga felicidades, fatos que não dependem dele. Procurando o que é verdadeiro, tornamo-nos felizes pelo que conquistamos, por fatos que podemos conseguir por nós mesmos. Só depende de nós sermos bons e praticar o bem. Sabem o que descobri nestes anos aqui no plano espiritual? Que ser feliz consiste em pequenas coisas que realizamos para o bem. Em fazer bem-feito, com amor os pequeninos atos que resultam em uma ajuda.

– Isso não é difícil? – Perguntou Damião.

– Ora, Damião – falou Armando. – Se você não tivesse cometido tantos erros, não teria sofrido. Quem se esforça para ser bom e consegue, também recebe as conseqüências, que são boas. As reações são de boas ações também, senão, não veríamos socorristas trabalhando e felizes. Penso que o trabalho construtivo é um meio de evitar que façamos o mal.

– Há espíritos que trabalham e são maus – falou Damião. – Você ainda não viu uma cidade umbralina, lá há trabalho, e até chefes trabalham.

– O trabalho nos faz vencer a preguiça! Ser ocioso é um vício. Mesmo sem saber, esses espíritos que citou estão vencendo um vício – falou Cássio.

– Eu disse trabalho construtivo – repetiu Armando.

– Pelo trabalho edificante temos oportunidades de aprender muito. E no Plano Espiritual Superior não há lugar para ociosos – falou Mary.

– Eu quero mudar – expressou Eleocácio. – Tive, encarnado, muitas facilidades que me levaram a errar. Meios de prejudicar, cinismo para enganar e dinheiro para comprar e vender consciências.

– Mas poderia ter usado isso de outra forma – falou Suellen. – Poderia ter usado o dinheiro para saciar fome, vestir, educar, dar remédios. Ter feito amigos e os auxiliado quando necessitassem. Deveria ter ajudado em vez de prejudicar.

– Usamos das circunstâncias como queremos. O dinheiro é neutro, por ele se fazem tantos erros, mas muitos acertos – falou Zefa.

– Que irá acontecer conosco, Mary? Não quero mais ficar aqui. Por favor, leve-me com você – implorou Suellen.

– Sim, vou levá-los para o Casarão da Paz, lá se sentirão bem, melhorarão – falou Mary.

– Aquela fortaleza do vale? Ficaremos presos lá? – Perguntou Damião.

– Não, Damião, lá ninguém fica preso. Vocês ficarão só se quiserem – respondeu a socorrista.

– Só pelo fato de ser abrigado lá ficarei bonito, sadio? – Indagou Cássio.

– Vocês melhorarão aos poucos – respondeu Mary. – Receberão tratamento, estarão limpos e a recuperação dependerá de cada um. Levará um tempo para estarem bem de novo. O erro, o pecado, desarmoniza, e para harmonizar necessitamos querer, esforçar-nos para melhorar. Ter o firme propósito de abandonar o mal para praticarmos o bem, principalmente o que deixamos de fazer.

– Como vai nos tirar daqui? – Indagou Benedito.

– Receberei ajuda de outros companheiros, nós os levaremos para nossa casa – respondeu Mary.

– Eu quero ir! Prometo me comportar, fazer tudo o que me for recomendado! – exclamou Suellen.

– E se eu não me comportar direito? Não sei me portar com respeito e educação – expressou Damião.

– Terá de aprender! – Opinou Maria Gorete. – Quando queremos, aprendemos. É só prestar atenção no que os outros fazem e fazer parecido. Eu também não sei me comportar entre pessoas boas.

– Lugares bons são simples e as pessoas que pretendem fazer o bem estão sempre prontas a ensinar. O melhor é perguntar quando tiver dúvidas. Logo vocês estarão adaptados – respondeu Mary.

– Acho que ficarei com vergonha, mas se todos forem com você, Mary, quero ir e tudo farei para me sentir bem lá – falou Ademir.

– Todos vocês querem vir comigo? Sim! Muito bem, então pedirei ajuda, que estará aqui dentro de uns trinta minutos – falou Mary.

A socorrista concentrou-se por minutos e por telepatia entrou em sintonia com o posto de socorro, com Alfredo; pediu que viessem buscá-los e recebeu a resposta de que logo estariam lá. Todos ficaram em silêncio; quando perceberam que Mary se desconcentrou, Zefa indagou:

– Que acontecerá com este lugar quando formos embora?

– Será mais um canto no umbral. Vocês plasmaram tudo o que está aqui, pois tiveram a impressão de que estavam na sala do sobrado. Não tendo mais essa impressão para essa sustentação, estes objetos irão enfraquecendo e desaparecerão – respondeu a socorrista.[6]

6. Se o leitor quiser conhecer mais sobre este assunto, pode consultar os livros do codificador Allan Kardec: *A Gênese.* capítulo XIV: "Os fluidos – Ação dos Espíritos sobre os fluidos – Criações fluídicas – Fotografia do pensamento"; e *O Livro dos Médiuns*, capítulo VIII: "Laboratório do Mundo Invisível", de cuja questão 129 transcrevemos um trecho: "O Espírito age sobre a matéria; tira da matéria cósmica universal os elementos

– E se alguém se abrigar aqui? – perguntou Cássio.

– Ele, não tendo a impressão forte como vocês tiveram da sala em que foram assassinados, não sustentará isso e este local, que é a cópia daquela sala, voltará a ser como era antes de vocês estarem aqui – esclareceu Mary.

– Você está nos ajudando, fazendo um bem enorme a nós... e se formos ingratos? Você se ressentirá? – Indagou Maria Gorete.

Mary pensou por instantes, recordou-se de uma palestra que ouvira alguns dias antes sobre ingratidão e lhe veio à mente o que o palestrante falara: "Não devemos fazer nada desejando ser compensados; quem faz para sê-lo acredita que sofreu algum dano, pelo fato de ter feito o bem. Quem espera ser recompensado, o faz por algo em troca, isso é egoísmo, 'faço isto por aquilo, por uma espécie de indenização'. Não se deve achar que se recebeu uma ingratidão, porque quem assim pensa não está com boas intenções, não fez algo com amor, pelo prazer de ser bom".

Mary respondeu tranqüilamente e todos prestaram atenção:

– A gratidão ou ingratidão dos outros não faz parte do meu ser. O que interessa a mim é que eu seja grata, pois tenho obrigação de ser, mas não tenho por que esperar que o outro seja pelo que eu vier a lhe fazer de bom. Não faço esperando nada em troca, minhas ações que vocês julgam boas, porque os ajudo, não são negociáveis. Tento fazer o bem pelo prazer, amor, sem nada querer por isso. Estou, meus amigos, aprendendo a fazer o bem pelo bem, sem nenhuma outra intenção. Ao fazer este trabalho,

necessários para formar, como quiser, objetos com a aparência dos diversos corpos da terra. Pode também operar, pela vontade, sobre a matéria elementar, uma transformação íntima que lhe dê certas propriedades. Essa faculdade é inerente à natureza do espírito, que a exerce muitas vezes de maneira instintiva e portanto sem o perceber, quando se faz necessário" (Nota da Médium).

não me julgo prejudicada, nem julgo que me tiraram algo, assim sendo não tenho pelo que receber. Espero que ao fazer o bem irei me tornar boa um dia. Porque quem é bom não precisa de nada, já possui infinita riqueza. Eu tenho de ser boa, praticar o bem sem me importar com o que outros façam de meus benefícios.

– Obrigado, Mary! Você nos dá um grande exemplo! – Exclamou Ademir.

– O melhor que temos a fazer é seguir o exemplo do nosso benfeitor; se ele fez, podemos fazer também – respondeu a socorrista.

– Talvez seja difícil retribuir o bem a você, mas entendi, há outros necessitados que poderei auxiliar. Se eu puder, quero voltar ao umbral um dia para ajudar – falou Benedito.

Escutaram barulho lá fora, entenderam que era o socorro que chegava. Zefa e Suellen choraram baixinho. Ademir ajoelhou e orou um Pai-Nosso. Todos estavam emocionados. Mary os olhou com amor.

Mary saiu da sala e foi receber os companheiros. Eram três, cumprimentaram-na e ela sentiu-se aliviada. Acompanharam-na de volta à sala, todos ficaram em silêncio. Com exceção de Cássio e Damião, os outros foram amparados, andavam com dificuldades em virtude da imobilização em que permaneceram.

– Adeus, sala! Adeus, umbral! É bom deixá-los! – Exclamou Suellen.

– Eu que maldisse muito este lugar agora entendo que era aqui o local em que devia ficar para aprender – disse Armando.

– Também não tenho mais raiva, o local não era o culpado, e sim nós. Mas saio daqui aliviada. Umbral nunca mais! – expressou Maria Gorete.

Viram uma condução; Cássio a examinou e perguntou:

– Não é um carro nem carruagem. Que é isto?

– Um veículo de locomoção – explicou um dos socorristas. – Vamos entrar, sentem-se e logo estaremos no nosso posto de auxílio.

– Obrigado, samaritanos – agradeceu Damião.

– Samaritanos? – perguntou Ademir.

– Eles também são chamados assim – falou Damião.

Acomodaram-se no veículo. São muitos os meios de transporte usados pelos socorristas para se locomover no umbral. São vários nas inúmeras regiões da zona umbralina do nosso extenso planeta. Este era simples, com muitas rodas pequenas dando flexibilidade para passar pelos filetes de água, buracos e pedras. De um tipo que parece uma caixa retangular grande, só a parte dianteira tem uma espécie de vidro que dá visão só para quem está dentro, do lado de fora não se consegue ver nada do seu interior. Locomove-se por uma energia ainda desconhecida dos encarnados, rarefeita como o veículo. Matéria parecida com a de que é composto nosso perispírito. Normalmente é de um tom claro e tem de doze a vinte lugares. Um fato interessante é que, se for atacado, tem dispositivo de defesa, mas os socorristas preferem sempre sair rápido do local. Pode essa condução ficar suspensa até um metro do chão, usando esse processo para atravessar buracos e furnas pelo caminho. Anda de vinte a quarenta quilômetros por hora, mas, necessitando, chega a ser mais veloz.

O grupo acomodou-se e Mary ficou com eles. Ninguém falou nada. O alívio era grande, estavam contentes por sair daquele lugar onde haviam sofrido muito.

O portão do Casarão da Paz se abriu. O veículo parou, e Mary os convidou a descer:

– Podemos sair, aqui será o abrigo de vocês.

– O nosso céu! – Exclamou Zefa.

Desceram e ficaram um ao lado do outro, pertinho, olhando encantados. Suellen foi o mais depressa que conseguiu até uma árvore e a abraçou.

– Como esta árvore é bonita! Que bom rever uma! Sentir a natureza!

– Você está pisando na grama, Suellen! – Advertiu Damião. – Acho que não pode!

Suellen então percebeu que, para abraçar a árvore, pisava no gramado; afastou-se dois passos, ficando no caminho de pedras, abaixou-se e passou a mão na grama que havia pisado, como se pedisse desculpas. Depois voltou para perto do grupo.

– Obrigado, Mary, pelo auxílio! – Exclamou Benedito.

– Não se consegue ajudar alguém quando ele não quer ajuda.

Quando queremos, sempre achamos quem nos auxilie – respondeu Mary.

– Como é lindo o céu! Meu Deus, como é bom olhar para o infinito! – Exclamou Zefa.

– Sentir o calor do sol é um prazer imenso! Só agora entendo isso! – Expressou Ademir.

– Podemos usufruir de tantas coisas belas e simples e que passam despercebidas. O céu, o sol, as flores são belezas que nos dão prazer e alegria! – Falou Maria Gorete suspirando.

– Ó, Deus, obrigado! Entendo agora sua bondade em não condenar seus filhos a sofrimentos eternos! – Disse Ademir ajoelhando-se no chão.

– Obrigado também, Deus, por permitir que reparemos nossos erros em trabalhos edificantes. É irmão socorrendo irmão. Seu filho auxiliando outro! – Exclamou um socorrista.

Outros trabalhadores vieram ajudá-los, encaminhando-os às enfermarias. As mulheres para a feminina e os homens para a masculina, onde seriam higienizados, medicados, alimentados e poderiam descansar em leitos confortáveis e limpos.

Alfredo veio cumprimentar Mary. Ela, ao vê-lo, disse emocionada:

– Obrigada! Tentei fazer o melhor. E compreendi o porquê de ter sido escalada para fazer este trabalho. Sei que você me ajudou, estou contente por ter conseguido fazer a contento.

– Parabéns! Agora vá descansar – falou Alfredo, sorrindo.

Mary foi para o seu quarto, que também é chamado de várias maneiras. Higienizou-se, alimentou-se de um caldo, orou e depois se deitou. Pensou em tudo que passou, agradeceu ao Pai, nosso criador, e dormiu. Sonhou que estava escrevendo.[7] Escrevia histórias diferentes e o resultado a deixou feliz. Acordou disposta, recordou o sonho e exclamou: "Literatura! Acho que devo fazer algo pelos livros, em reparação!"

Lembrou do livro que tinha lido dias antes de fazer essa tarefa no umbral; era *O Problema do Ser, do Destino e da Dor*, de Léon Denis. Identificou-se com os capítulos: "O pensamento" e

---

7. Não estranhe, leitor amigo, por Mary ter sonhado. O perispírito é cópia do corpo físico ou este é daquele. Os reflexos do corpo material só aos poucos vão sendo vencidos. Os trabalhadores de postos de socorro quase todos dormem para descansar, embora vão com o tempo diminuindo as horas que dormem e alguns só o façam raramente. Com anos de treino, muitos trabalhadores do bem não dormem mais, por isso não sonham. Eu, Antônio Carlos, há muito não durmo e confesso a vocês que às vezes sinto falta dos sonhos agradáveis. Mary, depois de muitas horas em que desprendeu muitas energias, dormiu para descansar. Quem dorme pode sonhar. Temos visto por muitos relatos que desencarnados sonham, alguns têm pesadelos, são os que não entenderam sua mudança de plano e que cometeram erros. Socorristas abrigados dormem para se refazer, são sonos reparadores, e eles sonham também. Mary gostava muito de escrever e compreendeu que não era o termo certo "gostava", no passado, e sim "gosta", no presente. Desencarnados sonham com afetos, cenas que viveram nos momentos felizes e também com os desagradáveis. E os que trabalham para o bem têm quase sempre sonhos bons. Sonhar que está escrevendo, para um escritor que ama fazê-lo, é sempre prazeroso (N.A.E.).

"A disciplina do pensamento e a reforma do caráter". Sabia até de cor um pedaço, que recitou em voz baixa:[8]

"O pensamento é criador. Assim como o pensamento do Eterno projeta sem parar no espaço os germens dos seres e dos mundos, também o do escritor, do orador, do poeta, do artista faz brotar incessante florescência de idéias, de obras, de concepção que vão influenciar, impressionar para o bem ou para o mal, conforme sua natureza, a multidão humana.

É por isso que a missão dos obreiros do pensamento, que trabalham com a palavra, é ao mesmo tempo grande, temível e sagrada.

É grande e sagrada, porque o pensamento dissipa as sombras do caminho, resolve os enigmas da vida e traça o caminho da humanidade, sua chama aquece as almas e embeleza os desertos da existência. É temível, porque seus efeitos são poderosos tanto para a descida quanto para a ascensão.

Mais cedo ou mais tarde, toda criação do espírito reverte ao seu autor com suas conseqüências, acarretando-lhe, conforme o caso, o sofrimento, uma diminuição, uma privação da liberdade ou ainda satisfações íntimas, uma dilatação, uma elevação do seu ser."

Animada, foi para sua tarefa no posto, tinha muito o que fazer.

8. Recentemente a Petit Editora, com o intuito de divulgar as mais importantes obras da Doutrina Espírita, editou a obra *O Problema do Ser, do Destino e da Dor*, de Léon Denis, dividida em três volumes, facilitando a leitura e o entendimento desse precioso livro. A parte a que Mary se referiu está no terceiro volume, *O Problema da Dor* (N.E.).

13 Caminhando

Os dias passaram e eles reagiram, logo não tinham mais os ferimentos, faziam passeios pelo jardim, iam orar no salão da prece. Estavam diferentes: limpos, penteados, corados e com melhor expressão. Conversaram muito um com o outro, tornaram-se amigos. Mary sempre que podia ia visitá-los. Ademir comentou:

– Como se trabalha por aqui! O trabalho é muito e os trabalhadores, poucos. Lembro os dizeres de Jesus quando rogou a Deus trabalhadores para a messe![9]

– Mary, lembro agora que você nos disse que se deve passar de necessitado a servidor. Acho que já fiquei à toa demais. Quero tornar-me útil! Assim que for possível, quero ajudar! – expressou Benedito.

– Conversei com Otália – contou Suellen –, uma senhora muito bondosa que trabalha neste posto. Ela me disse que veio

---

9. "A messe é verdadeiramente grande, mas os operários poucos. Rogai, pois, ao Senhor da messe, que mande operários para sua messe." (Mateus 9:37, 38) (N.A.E.).

para cá porque tinha um neto aqui abrigado. Veio cuidar dele e de outros; ele ficou bom e foi transferido, e ela ficou. Disse que vê em cada necessitado um filho, um neto de alguém e que poderia ter sido dela. Quando me admirei, Otália me disse sorrindo: "Suellen, é bom compreender e vivenciar que todos na Terra somos irmãos, é amando a nós e a todos que nos sentiremos parte do universo e filhos de Deus".

– Fico contente em vê-los bem! – Exclamou Mary.

Chegou o dia em que iam ser transferidos. O Casarão da Paz é transitório. Ali os socorridos ficam abrigados até que melhorem, depois são removidos para outros postos e colônias. Mary despediu-se deles com abraços afetuosos, desejando-lhes que se sentissem cada vez melhor.

Mary pensava cada vez mais em trabalhar com literatura. Comentou com Alfredo, que opinou:

– Mary, creio que você deve voltar à atividade de escrever. Temos pela Terra várias colônias que se dedicam a essa tarefa. Está para vencer seu tempo de trabalho no Casarão da Paz. Certamente seria um enorme prazer que renovasse seu período e ficasse conosco. Mas talvez você deva estudar, fazer estágio numa colônia dessas, aprendendo e trabalhando em prol da literatura edificante.

– Obrigada, Alfredo, pelo conselho. Tenho pensado muito e acho que tenho de reparar faltas nesse campo. Se posso fazer algo de bom pela literatura, só tenho de agradecer a oportunidade. Quero ir estudar e trabalhar. O livro ensina, e esse ensinamento pode ser bom ou ruim. A vendagem principalmente de revistas, pornográficas, é grande. Temos de melhorar com atrativos os livros bons – falou Mary, entusiasmada.

– Estou percebendo que você, Mary, está a par da situação. Você deve mesmo ir para uma colônia e colocar esse entusiasmo no seu trabalho – disse Alfredo, sorrindo.

Mary continuou trabalhando no posto até vencer o tempo que lhe fora determinado.[10]

Quando chegou o dia de partir, Mary despediu-se dos companheiros; estava emocionada. Alfredo, em nome de todos, desejou-lhe êxito.

– Será sempre um prazer receber você aqui no Casarão da Paz. Não se esqueça de nós. Venha nos visitar.

"Por que", pensou Mary, "mudar é sempre difícil? Estou contente por ter feito um bom trabalho aqui e pela oportunidade que tive de aprender, por ter feito tantos amigos, e ao mesmo tempo triste por deixá-los, por me separar deles. Despedidas sempre me comovem. E fazer algo novo me deixa apreensiva. Tudo é estágio nesta vida!"

Foi recebida com muito carinho na Colônia da Literatura.[11] Nirce a acompanhou, servindo de cicerone. A colônia era uma construção só, muito bem dividida, de cores suaves e com alguns pilares. Havia flores de diversas tonalidades em pequenos canteiros. Mary achou muito bonito um pátio que ficava ao ar

10. Normalmente para os iniciantes nos trabalhos construtivos no plano espiritual é determinado um tempo para certos trabalhos e locais, embora isso não seja regra geral. É estabelecido isso para que as casas de socorro se organizem, não ficando com excesso ou escassez de ajudantes, embora seja muito difícil ter excesso. Nada impede que um trabalhador fique o período que quiser, renovando esse tempo. Aqui ouvimos muito: "Vou servir no posto tal por dez anos, por cinco, por dois"; "Vou fazer isso por tanto tempo" etc. (N.A.E.).

11. Em quase todos os países da Terra, existe uma colônia que se dedica à literatura, e às vezes mais de uma. São normalmente simples, não grandes nem parecidas. Sendo na maioria colônias móveis, isto é, não são fixas, mudam de local conforme suas necessidades. Não são cercadas e só se consegue vê-las entrando na sintonia delas. Há bibliotecas informatizadas, com muitos títulos, réplicas de livros de encarnados e outros de desencarnados, que só no plano espiritual é possível ler. São destaques os salões de palestras e salas de aulas. Gabinetes, alojamentos, quartos, salas ou salinhas etc. são nomes dados a um espaço pequeno que cada um, seja professor, trabalhador, estudante, tem para si. Para estagiar numa colônia assim é preciso não ter mais reflexos do corpo físico. Nelas não se alimenta, não se dorme, e o tempo é bem aproveitado (N.A.E.).

livre, com muitos bancos, e dali tinha uma visão maravilhosa do infinito. Ela se encantou com o lugar. Após conhecer tudo, Nirce a levou à sua sala.

Seu gabinete, como Mary designou o espaço a ela reservado, tinha uma escrivaninha, um pequeno armário e duas poltronas. Ela colocou seus pertences no lugar. Estava muito feliz por estar ali. Tinha um horário marcado com o dirigente da colônia. Este a esperava no salão azul, local em que se recebem visitas e os recém-chegados. Ele a recebeu com carinho:

– Mary, seja bem-vinda entre nós! Logo mais teremos uma palestra e a convido a assistir. Depois terá trinta e quatro horas livres antes de iniciar seu estudo. Não freqüentará as aulas para aprender a escrever, isso você já sabe, mas sim sobre o que escrever. Terá muitas atividades. Fará muitas excursões por toda a Terra, conhecerá muitas coisas, mas também trabalhará bastante.

– Farei de tudo para servir do melhor modo que conseguir. Anseio por aprender – respondeu Mary.

Após receber mais algumas informações, Mary foi para o auditório, onde ouviu a interessante palestra, e depois, aproveitando suas horas livres, foi visitar amigos e parentes que haviam convivido com ela no período encarnado e amigos que fez no plano espiritual. Foi gratificante ao seu coração rever afetos, saber deles, trocar notícias e carinhos.

Mary também visitou os nove amigos do socorro que fizera, queria ter notícias, revê-los. Para saber onde estavam, pediu informações, pois não estavam juntos, embora a maioria estivesse na mesma colônia. E marcou uma visita a cada um deles.

Foi rever primeiro Maria Gorete, que estava morando na escola da colônia, e freqüentava uma sala de aula especial em que se reuniam pessoas que precisavam de esclarecimentos mais profundos sobre sexo. Outros que, como ela, haviam praticado abuso sexual, e se pervertido. Maria Gorete ficou contente ao receber Mary e, abraçou-a com carinho.

– Que visita mais agradável! Oro por você todos os dias, pedindo a Deus que a abençoe.

– Suas orações transformam-se em fluidos que têm me ajudado nas tarefas do dia-a-dia. Obrigada! – Respondeu Mary sorrindo. Mas fale de você. Que tem feito?

– Sinto-me muito bem aqui, tento não recordar aqueles anos sofridos que passei naquela salinha, no umbral. Se lembro, é para agradecer o auxílio que tive e firmar o propósito de não errar mais, para não ser atraída para esses lugares tristes. Quero estudar, passar a ser útil para fixar bem o que aprendo aqui. Meu objetivo é me encontrar com todas as pessoas que prejudiquei, reconciliar-me com elas e, se possível, ajudá-las, mas para isso preciso saber agir para fazer com segurança e certo. Mary, agora compreendo como somos responsáveis quando fazemos alguém odiar, ter rancor. Fiz isso! Só estarei realmente bem quando pedir perdão a todos, e como ficarei feliz se for perdoada... Sei que alguns não me perdoarão, mas insistirei com carinho. Tento também entender os problemas que tenho com o sexo, quero vencer meu vício sexual.

– A imprudência está no abuso – falou Mary.

– Como é triste não reconhecer isso! – exclamou Maria Gorete suspirando. – Mas estou otimista, o que fiz está feito, não devemos nos amargurar pelo que não tem retorno. Mas sim, agora, ter boa vontade de fazer o bem, reparar, construir, edificar. Quero caminhar para o progresso, dar grandes passos.

– Não seria melhor, Maria Gorete, dar pequenos passos, mas no caminho certo, que grandes fora dele? Você já fez algo muito importante, arrependeu-se do mal, pensa em se reparar com o bem e planeja fazê-lo. Acho que você está certa, o passado não se muda, mas podemos planejar o futuro e construir agora, no presente, com amor, tudo o que nos cabe fazer.

– E fazer com segurança para que nossos atos sejam bons mesmo! E você tem razão, não quero deixar o que posso obrar no presente só para depois, se tenho condições, e estas a gente consegue arrumar, de fazer agora, de realizar as pequenas tarefas com amor, como se fossem grandes. Compreendi isso, Mary, e lhe agradeço.

Despediram-se com um abraço. Mary compreendeu que sempre que conversamos com alguém tentando ajudar, esclarecer, somos orientados. Ela achou uma conclusão para algo que há tempos matutava. Estava ela só fazendo pequenas tarefas e sonhando em realizar uma grande. Estaria de fato sendo útil? Compreendeu: ninguém faz bem uma ação grande se não treinar nas pequenas. E que o importante é fazer grandemente as que julgamos insignificantes.

Mary foi para a outra parte da escola, onde, por ter marcado horário, estavam no jardim Suellen, Armando e Benedito. Abraçaram-se, contentes.

– Mary, que bom revê-la! Estava querendo visitá-la, mas minha orientadora me disse para esperar, que você viria nos ver. Queria, agora que estou bem, agradecer-lhe – expressou Suellen, emocionada.

– Falem de vocês. Que estão fazendo? – Indagou Mary.

Os três abriram a boca para falar, mas foi Suellen quem respondeu:

– Estou estudando como viver desencarnada. Depois quero fazer um curso para aprender a dar valor à vida em todos os seus estágios. Abortar nunca mais! Depois devo tentar reencarnar!

– Tentar? – Perguntou Mary.

– Lembro a você, Mary, que fiz muitos abortos e agora entendo que esse ato não só mata o feto, mas impede um espírito de reencarnar. Posso ter o retorno das minhas ações e minha futura mãe não me querer e fazer comigo o que fiz a outros – respondeu Suellen.

– Mas você poderá reencarnar e ajudar mães a ter filhos, esclarecer a outros para que não abortem – falou Mary.

– Será que, na ilusão da carne, não esquecerei isso e farei tudo de novo? Tenho medo! – Expressou Suellen.

– Então se prepare mais para reencarnar – falou Mary, aconselhando.

– É que não gosto muito de estudar! – Respondeu Suellen.

– Estudar se tornará um hábito, se cultivado. Esforce-se! E você, Armando, que está fazendo?

– Também não gosto de estudar, mas estou me esforçando para aprender. Pedi para ir a um posto de socorro perto do umbral. Terei permissão após terminar de aprender o básico. Espero ansioso. Sabe, Mary, pude visitar minha família. Só Érica está bem. Ela fez em uma das propriedades que herdou de tia Zefa uma creche e cuida de várias crianças. Minha esposa e meus dois filhos vivem de pequenos golpes, fazem coisas erradas. Entristeci-me e sinto-me responsável, eles seguem meu exemplo. Como o exemplo é importante na educação de um indivíduo! Quero trabalhar no umbral para aprender e não errar mais, e porque tudo indica que Magali e meus dois filhos, se não mudarem, ao desencarnarem irão para lá, então talvez eu possa auxiliá-los. Estou com o propósito de fazer bem-feita minha tarefa. Não esqueço que fui auxiliado pelo seu trabalho e de outros.

– Armando, você gostará de trabalhar no umbral. Desejo-lhe êxito – disse Mary e, virando-se para Benedito, indagou:

– E você, amigo, quais são seus planos?

– Não planejei nada ainda, estou estudando e quero aproveitar esta oportunidade. Depois que meu curso terminar, se ainda estiver em dúvida, pedirei ajuda aos instrutores da escola, eles me orientarão. Já quis ser socorrista no umbral, mas acho que não levo jeito. Não me aflijo por isso, o que importa é o presente e estou gostando muito daqui. Também pude rever meus familiares. Meus pais estão velhinhos, logo voltarão ao plano espiritual e será uma felicidade se eu puder ajudá-los e abraçá-los. Vi também meu filho, está adulto, casado, com filhos, é trabalhador e honesto. Também tenho me encontrado com Maria Gorete. Não ficaremos juntos, o sentimento que nos uniu no plano físico não era verdadeiro. Tornamo-nos amigos.

– Também não ficarei com Eleocácio – expressou Suellen. – Mas desejo a ele e aos outros que se modifiquem para melhor, porque é isso que quero para mim.

Falaram mais alguns minutos e Mary despediu-se e foi rever Damião, que estava na mesma colônia, só que em outra parte. Fazia um tratamento numa ala do hospital. Ela estranhou e indagou, antes de vê-lo, a um dos coordenadores do local:

– Por que Damião está aqui? Quando o tiramos do umbral não estava ferido nem perturbado.

– Damião abusou do dom da palavra. Aqui, logo que começou a entender que muito errou, foi-lhe mostrado, a seu pedido, como estavam as pessoas que receberam sua maldade. Ele viu que umas estavam bem, que perdoaram, mas que outras, não; elas tinham-lhe rancor ou ódio e sofriam. Damião entristeceu-se e deixou de falar, não quer mais fazê-lo. Pediu para reencarnar mudo e entre pessoas pobres. Aqui está para tentar compreender que o remorso não deve ser destrutivo nem punitivo. O certo seria ele reparar suas faltas fazendo uso da palavra para ensinar, dar bons conselhos, ajudar, mas ele não quer. Como o livre-arbítrio é respeitado, aqui só tentamos esclarecê-lo.

Mary agradeceu ao coordenador e foi ver Damião, que a abraçou chorando.

– Damião, estou contente por revê-lo, mas gostaria que falasse comigo.

– Alegro-me em vê-la! – Balbuciou ele com dificuldade.

– Tem certeza de que é isso que quer? Reencarnar mudo? – Perguntou Mary.

– Não confio em mim! Quero ser mudo! – falou Damião devagar e enxugou algumas lágrimas; depois, com esforço continuou: – Minha vontade atua no meu perispírito, não quero falar, não sou digno de fazê-lo. Mas digo a você: muito obrigado! Tenho certeza de que não estou me punindo, mas me privando de algo que tem sido para mim há tempo motivo de erro. Acredito que só com a dor aprenderei. Aqui tenho aproveitado bem as lições para não me revoltar. Desta vez quero dar valor à oportunidade da reencarnação.

Mary o abraçou e falou carinhosamente:

– Aprender pelo amor é mais fácil e todos têm essa oportunidade, mas a dor também ensina. Desejo-lhe que aprenda para um dia você ser um professor.

– Obrigado!

Dali Mary foi a um posto de socorro onde estavam Eleocácio e Cássio; os dois estagiavam nessa casa de auxílio. Trabalhavam e estudavam numa sala de aula especial com outros que haviam infringido, encarnados, as leis cívicas, morais e conseqüentemente espirituais. Os dois a receberam contentes.

– Mary, estava há muito tempo querendo revê-la para agradecer mais uma vez – expressou Eleocácio.

– Como estão vocês? Gostam daqui? – Perguntou ela.

– Preferiria estar na colônia – respondeu Cássio. – Mas é aqui que Eleocácio e eu temos de ficar um tempo para aprender. Esta casa de socorro auxilia muito os encarnados que estão presos numa grande casa de detenção e os desencarnados que se sentem presos. Mary, temos visto alguns inocentes na prisão, só que nada é injusto; foram criminosos em outras existências e não foram punidos. Está sendo muito bom para mim ver esses fatos e tentar ajudar. Talvez, quem sabe depois de ver, de sentir tudo isso, ao reencarnar eu não faça mais injustiças. Antes de voltar ao plano físico, quero fazer um tratamento para saber por que fui homossexual. Não quero ser na próxima vez.

Eleocácio sorriu, estava tranqüilo e falou:

– Mary, estou aprendendo muito aqui. Tive a bênção de pedir perdão a Vanilda e a mais duas pessoas que prejudiquei. Fui perdoado. Quero encontrar os outros e rogar perdão. Sabe o que fiz no domingo? Fui visitar minha família. Estão bem, o esposo de Iva é uma boa pessoa. Logo terminaremos nosso estágio aqui, mas pedi para ficar, quero trabalhar mais neste lugar. Depois vou pedir para estudar para reencarnar. Sou agradecido pelo muito que recebo, não merecia estar aqui, estou pela bondade de Deus.

– Eleocácio, você merece, sim; está se esforçando, tem se saído bem, nosso instrutor até o elogiou – falou Cássio.

– Isso é ótimo, o trabalho construtivo é uma bênção que não devemos desprezar. Desejo êxito a vocês! – exclamou Mary, despedindo-se.

Dali ela foi rever Ademir, que estava em uma outra colônia. Ele a recebeu emocionado.

– Minha querida socorrista! Que bom revê-la! Está muito bem, mais bonita com esta roupa. Alegro-me que tenha vindo me ver. Primeiramente, meu muito obrigado. Como o trabalho de socorrista é importante! Quero servir no umbral. Certamente tenho muito o que aprender para realizar a contento um trabalho dessa responsabilidade.

– Que bom vê-lo bem! Que está fazendo? – Perguntou Mary.

– Aprendo! Estamos agrupados numa sala de aula, nós, espíritos que abusamos do termo religioso. Repartimos o tempo entre estudo e trabalho. Ajudamos outros que erraram como nós. É bem triste usar de uma religião para esconder as imprudências cometidas. Quero aprender a seguir uma sem fanatismo, com sinceridade, e por ela fazer o bem para mim e para o próximo. Quero ter paz, pacificar para ser pacificador. Será que almejo muito?

– Não, acho que deve planejar e executar. Só planejar e não fazer é sonhar em vão, não aproveitar as oportunidades. Quando queremos, trabalhando para isso com honestidade e amor, conseguimos, e você, Ademir, conseguirá. São os que procuram a paz, os pacíficos, os pacificadores, que serão chamados filhos de Deus – expressou Mary tranqüilamente.

– Mary, pedi para ficar nesta colônia porque aqui tenho como visitar mais meus familiares. Como é bom vê-los! Eles nunca me esqueceram, falam de mim com carinho. Só que não sabem dos erros que cometi nem que sofri tanto tempo depois da minha desencarnação. Acho que, se minha esposa soubesse, se pudesse, teria querido sofrer no meu lugar. Mas isso não é possível, não é?

– Não, Ademir, não é – respondeu Mary. – Se pudéssemos pagar dívidas, sofrer em lugar de outro, e se Deus aceitasse, Ele seria injusto. Ninguém sofre por outro, somos donos absolutos dos nossos atos. Ninguém pode renunciar ao egoísmo em nosso lugar, ninguém pode amar por nós e nós não podemos fazer isso pelo outro. Entendeu? Se não erramos no lugar do outro, não podemos receber a reação por ele. Só a gente tem que desfazer o que fez de errado e realizar o que não fez de acertos.

Como Mary tinha que visitar Zefa, despediu-se de Ademir, desejando-lhe que conseguisse realizar seus planos. Ele a abraçou com carinho. Ela foi então para a colônia onde estão abrigados ex-suicidas. Essas colônias são muitas espalhadas pela Terra. Infelizmente são muitos os imprudentes que matam seu corpo físico. E Zefa foi considerada suicida, não foi ela que cometeu o ato, mas pagou, mandou outro fazer. Também em certos lugares esses socorridos ficam em colônias comuns, só que em locais separados dos outros, só se agrupam quando estão bem e adaptados. Mas a maioria dos ex-suicidas, depois do socorro, vai para colônias próprias, onde tem um estudo diferenciado para que aprenda a dar mais valor à vida e aos estágios de encarnação.

A colônia em que Zefa estava era muito agradável, com muitos jardins, recantos de rara beleza onde água jorra das fontes, há flores diversas em canteiros e árvores dando sombra. E era no jardim que Zefa a esperava.

– Mary! Que alegria!

Abraçaram-se.

– Como está, Zefa?

– Estou bem, graças a você. Muito obrigado. Mas e você, como está? – perguntou Zefa carinhosamente.

– Bem, obrigada. Aqui é muito bonito – respondeu Mary.

– Estou muito bem aqui e sou grata por tudo o que tenho recebido. Esta colônia tem muitos departamentos, muitas salas de aulas, biblioteca, salões para palestras e o hospital é enorme. Os que estão melhor, como eu, estudam e ajudam nas enfermarias.

– E suas amigas Olga e Maria José, sabe delas? – Indagou Mary.

– Vanilda veio me ver, disse que tinha de passar por aqueles sofrimentos, foi reação de ações erradas do passado. Olga desencarnou logo depois de mim, sofreu também por não ter perdoado. Maria José, anos depois, tornou-se espírita, perdoou de coração, arrependeu-se por ter tido tanto rancor e quando desencarnou foi socorrida. Elas vieram me visitar e lamentamos juntas não termos perdoado. Continuamos amigas. Lúcia também fez sua passagem de plano, mora com os pais, está bem.

– Tem visto seu esposo e Julieta? – Perguntou Mary.

– Eles vêm me visitar. Mary, que terrível engano comete quem pensa que, se matando, ficará junto de afetos no plano espiritual. Os dois, meu esposo e minha filha, moram juntos em outra colônia, estão bem, são felizes e trabalham; eu ainda não posso estar junto deles. Pedi perdão a eles também, a Adauto por tê-lo traído, e ele me disse que sempre soube e que tinha me perdoado. A Julieta me perdoou por ter-me vingado por ela. Minha filha me disse que tudo fez para tirar as idéias de vingança de mim, até num esforço enorme fez com que eu recordasse de um encontro com ela, que me pedia para não cometer aqueles assassinatos. Foi o sonho que tive. Eles me disseram que tinham sempre notícias minhas quando estive no umbral e que infelizmente não podiam me ajudar. Quando não se quer o auxílio não é fácil tê-lo. Às vezes queremos uma coisa, mas necessitamos de outra. Eu os amo muito, é sempre uma alegria imensa revê-los. Espero aprender a dar valor ao período encarnado, à vida, e amar cada vez mais. Estou aqui falando só de mim, quero saber de você, escutá-la. Ainda está servindo no Casarão da Paz?

– O tempo de meu trabalho lá venceu e pedi para estudar e trabalhar com literatura. Quero aprender e servir nessa área, pois amo escrever. Além do mais, nesse meio literário, certamente terei mais facilidade de ajudar se porventura alguém, pelos meus escritos, cometeu erros.

– Como eu? Sinto por isso, Mary. Desculpe-me – falou Zefa.

– O que fiz está feito! – exclamou a visitante. – Mas ficarei contente se puder socorrer alguém que fez algum ato indevido por tê-los lido. Mas meu objetivo maior é aprender e, como você, sou muito grata por isso.

– É bonita essa colônia de estudo? – Indagou Zefa.

– Muito linda! Diferente daqui. Admiro essa diversidade dos locais no plano espiritual – respondeu Mary.

– Fico contente por você, Mary, e desejo de coração que esteja cada vez melhor e que esse estudo lhe seja proveitoso.

– Obrigada, Zefa! Também desejo que você melhore sempre.

Abraçaram-se. Mary a olhou agradecida; Zefa fora a única dos nove a perguntar como ela estava, a querer escutá-la. Pensou: "Sempre queremos falar e nem sempre ouvir".

Mary voltou à colônia que seria seu lar por um bom tempo. Faltavam duas horas para se iniciar sua primeira aula. Sentou-se num banco no pequeno e bem cuidado jardim e se pôs a pensar na palestra que ali escutara, a primeira a que fora naquela colônia de estudo. Quem a proferiu foi um estudioso que, encarnado, fora escritor bem-sucedido. Escrevera, muito e bem, livros que ensinam, esclarecem; fora um autor edificante, que conseguira passar, pelos seus escritos, todo o seu amor ao Criador.

Ele falou de sua experiência, que não fora fácil; tivera de abandonar muitas coisas, companheiros, pela verdade; fora perseguido, mas continuara firme nas suas convicções. Amara profundamente o que fazia e continuava amando. Um grande exemplo a ser seguido: se um consegue, todos poderão também. E Mary guardou como tesouro a oração que esse senhor fez no final, a qual, como ele disse, era a prece que costuma fazer e que fazia desde encarnado. Mary memorizou o que julgou para ela mais importante:

Deus, guia-me por entre as trevas.
Ilumina meu caminho.
Dá-me forças para caminhar pelo estreito caminho da salvação.

Orienta-me para não me julgar nem pior nem melhor que ninguém.
Que nenhuma injustiça me faça injusto.
Que as ingratidões não me tornem ingrato.
Que nenhuma maldade que eu venha a receber me faça mal.
Que eu possa, meu Deus, preferir receber todas as injustiças e maldades a fazer uma só.
Ajuda-me a servir, mesmo nos pequenos atos, e auxilia-me a vencer o egoísmo de querer ser servido.
Ó meu Deus! Que eu seja feliz servindo com Amor, sem, contudo, esquecer de fazer a felicidade de outros.
Faze de minha vida um luminoso reflexo de Tua Luz!

Mary suspirou, estava contente por estar ali, pela oportunidade de aprender, fazer o que gostava. Estava na hora de ir para sua primeira aula. Levantou-se do banco, sorriu e exclamou baixinho:

"Obrigada, meu Deus!".

FIM

Ao terminar a leitura deste livro, talvez você tenha ficado com algumas dúvidas e perguntas a fazer, o que é um bom sinal. Sinal de que está em busca de explicações para a vida. Todas as respostas que você precisa estão nas Obras Básicas de Allan Kardec.

Se você gostou deste livro, o que acha de fazer que outras pessoas venham a conhecê-lo também? Poderia comentá-lo com aquelas do seu relacionamento, dar de presente a alguém que talvez esteja precisando ou até mesmo emprestar àquele que não tem condições de comprá-lo. O importante é a divulgação da boa leitura, principalmente a da literatura espírita. Entre nessa corrente!